광주문화재단 누정총서 4

환벽당
취가정
풍암정

글 조태성
현판 번역 김대현

광주문화재단 누정총서 4

환벽당
취가정
풍암정

글 조태성
현판 번역 김대현

심미안

책을 펴내며

지혜의 보고, 누정여행 길잡이

 현대를 사는 우리들은 항상 무엇인가에 쫓기듯 살아갑니다. 자주 시계를 보며 시침과 분침은 물론 초침까지도 살피게 됩니다. 저마다 삶을 영위하기 위해 벌이는 사투는 육체와 정신을 피로하게 합니다. 너나없이 삶의 의미를 묻게 되고 쉴 만한 곳을 찾게 됩니다. 잠시라도 여유를 갖고자 여행을 꿈꾸기도 합니다.
 광주문화재단의 풍류남도나들이 사업은 이러한 의문과 소원에서 탄생하게 되었습니다. 선조들의 삶과 그 내면을 들여다보며 가르침을 얻으려 한 것이지요.
 광주와 담양이 만나는 무등산 자락에는 빼어난 풍광은 물론 지혜의 보고가 펼쳐져 있습니다. 자연의 아름다움을 한껏 품은 자리에 자연을 거스르지 않으며 조화롭게 자리한 누정들이 그것입니다. 세상의 명예와 부귀를 탐하지 않고 오로지 자연을 벗 삼아 자기 수양에 힘썼던 선비들의 올곧은 삶. 그들의 깊이 있는 학문과 수준 높은 문학작품은 각박한 시대를 살아가는 우리에게 많은 울림과 감동을 전해 주고 있습니다.
 하지만 그들의 삶과 학문과 문학작품에 한 걸음 다가가기 위해서는 딱딱한 전문서적과 씨름해야 하는 어려움이 남아 있었습니다. 배낭 하나 메고 훌쩍 떠나는 여행길에서 몸과 마음을 풍요롭게 할 만한 누정 길잡이 책은 왜 없을까. 누정총서 시리즈를 기획하고 발간하게 된 까닭입니다.

이번 총서에서는 9곳의 누정을 다루었습니다. 일동삼승(一洞三勝)이라 불리는 소쇄원, 식영정, 환벽당을 비롯하여 독수정, 명옥헌, 면앙정, 취가정, 풍암정, 송강정입니다. 광주에는 수많은 누정이 있지만, 그 역사적 연원과 당대의 인지도를 감안할 때, 무등산 자락 누정들의 안내서가 더 시급하다고 여겼기 때문입니다. 총서의 순번은 누정의 건립연대와 그곳에 얽힌 인물들을 고려하여 매겼으나 자료의 많고 적음에 따라 부득이 몇 곳은 합본을 하였습니다.

이번 총서는 쉽고 재미있습니다. 의미도 깊습니다. 필진으로 참여한 전문 연구자들이 일반 독자들을 배려한 애정이 곳곳에서 빛을 발합니다. 좀 더 관심 있는 독자를 위해 누정 현판의 원문과 번역도 함께 실었습니다. 다양한 각도와 때를 달리한 사진들은 텍스트와는 또 다른 책 읽는 즐거움을 선사할 것입니다.

우리는 이 책들이 무등산 자락 누정을 찾는 여행객들의 사랑을 듬뿍 받기를 소원합니다. 삶의 의미를 되새기고 마음의 정화를 얻어가는 지혜의 여행길에 일조하는 안내서가 되길 바랍니다. 그리고 첫발을 내디딘 누정총서에 더 많은 누정들이 소개되기를 바랍니다.

누정총서 발간에 애쓰신 분들의 노고에 깊은 감사를 드립니다.

2018년 초겨울
광주문화재단 대표이사 김윤기

차례

책을 펴내며   4

환벽당   12
누정은 '열려 있음'의 상징
환벽당과 그 주인
환벽과 벽간, 푸르름의 주변과 사이
자미탄 휘돌아 가는 환벽당원림
조대쌍송과 환벽영추
환벽과 송강의 인연
비어 있는 환벽당의 주인은 바뀌었고
신(新) 일동삼승(一洞三勝)

여행 길잡이
푸르름으로 내 삶을 물들이고 싶은 환벽당   32

취가정   40
광주광역시 기념물 제1호
임진왜란과 억울한 죽음
김덕령과 석저촌, 충효리
충렬보다는 충효

불통의 노래, 「춘산곡」과 「취시가」
김장군, '덩령이' 전설
흔적 없는 그곳에 남은 충심

여행 길잡이
그 맺힌 한은 언제나 풀어질까, 취가정   64

풍암정   72
풍암, 붉은 빛의 슬픔
은일, 통 큰 소통
풍암승경
풍암의 연원과 「풍암기」
풍암의 인연들
무등산 의병길
에필로그 ; 모정

여행 길잡이
바위도 울먹이는 그곳 풍암정   98

환벽당·취가정·풍암정 현판   104

환벽당環碧堂

환벽당
環碧堂

　누정은, 다양한 건축형태로 조성되기는 하였지만, 그 자체로 '열려 있음[통(通)]'을 상징한다. 몸이든 마음이든 그곳에 관계하는 모든 것들에 대한 열려 있음이다. 주인의 상황에 따라 다소간 닫혀 있는 듯 보일지라도 그것조차 결국은 열려 있음에 대한 내적 지향의 반작용이다. 통과 불통의 변증법적 지향이라 말할 수 있으려나.

누정은 '열려 있음'의 상징

　그렇다면 이렇게 통한다는 것은 반드시 열려 있음만을 전제로 해야 하는 것일까? 열려 있음으로 인해 모든 것이 통하지는 않을 것이다. 열려 있음에 대한 겸손함, 열려 있음에 대한 경외감, 그리고 그 열려 있음에 대한 동질감을 인정하는 것만이 그로부터 비롯하는 통함의 참뜻을 새길 수 있으리라.

　그렇게 보면 누정은 누구에게나 열려 있음을 허용하고자 한다. 설령 주인이라고 할지라도 그 열려 있음에 대해 거부감을 토로하지는 못한다. 원래 열어 놓고자 지은 공간이기에 말이다. 그곳에서 사방 벽으로 둘러싸인 방의 존재 여부는 애초부터 괘념의 대상이 되지 않는다. 누구든 편히 와서 한 자락 노래를 나누고, 정담 한 마디 남길 수 있는 마루가 있다는 것, 그것만이 바로 열려 있다는 확고한 의지의 표현이기 때문이다.

환벽당이 그렇고, 취가정과 풍암정도 이에서 벗어나지 않는다. 다만 취가정과 풍암정은 그런 열려 있음에 대한 속사정이 환벽당과는 조금 다르다. 아름다우면서도 조금은 아픈, 혹은 슬픈 감정이 절로 돋아나는 누정이기 때문이다. 여하튼 환벽당 초입, 언덕과 물길 사이 조그마한 자갈오솔길은 여전히 재잘댈 태세다.

환벽당과 그 주인

푸르름으로 둘러 빛나는 환벽당 창계와 배롱나무 꽃으로 붉은 식영정의 경관이 묘하게 대조되는 곳, 환벽당을 향하는 오솔길은 언제나 정답다. 왼편에 흐르는 창계의 물소리도 싱그럽고, 그 옆 늙은 소나무 몇 그루도 마치 반겨주듯 가지를 흔들며 아는 체한다.

한 호흡 들이켜며 잠시 발걸음을 멈추면 그 짧은 찰나의 순간 모든 게 정지된 듯 하나의 그림이 된다. 그런데 숨은 그림이다. 환벽당은 그래서 숨은 그림 찾기가 된다. 그렇게 두리번거리다 잠깐 무심하면 여지없이 머리를 찧게 만들고 마는 조그마한 협문이 나타난다. 창계 옆 조대를 지키는 쌍송과 마주하고 있는 그 문을 지나자마자 가파른 돌계단이 먼저 반긴다. 어디선가 어지러운 듯 앳

된 듯 글 읽는 소리가 들려온다.

환벽당은 광주시 북구 충효동 환벽마을 뒷산 산기슭에 있다. 나주목사를 지냈던 사촌(沙村) 김윤제(金允悌, 1501~1571)가 건립하였는데, 그가 관직에서 은퇴하고 만년을 고요히 보내고자 이 정자를 지었다고 한다. 그는 을사사화가 일어나자 인척관계이자 제자였던 서하당 김성원의 거처 곁 이곳에 자신이 머물 곳을 마련하고 귀향하였던 것이다.

이 정자의 아래에는 광주호의 상류인 맑은 창계천이 흐르고 있고, 앞으로는 「성산별곡」의 배경인 성산(星山)이 좌우로 자리 잡고 있다. 실제로 당시에는 서하당 앞에 창계천(자미탄)이 흘렀고, 이 여울을 사이에 두고 환벽당을 지으면서 그 사이에 무지개다리를 놓아 서로의 거처를 오갔다고 전한다. 그러나 지금 이 다리는 현존하지 않는다.

애초 이곳은 청산녹수로 둘러싸여 있었기에 환벽(環碧)이라고 이름하였다. 환벽당을 건립한 사촌 김윤제는 본관이 광산이고, 자는 공노(恭老)이며, 사촌(沙村)은 그의 호이다. 중종 26년(1531년) 문과에 급제하여 홍문관 교리 등의 관직을 거쳤다. 그 후 나주목사 등 13곳의 지방관을 역임하다가 퇴휴하고 자신의 출생지였던 이곳 충효동 무등산 아랫자락으로 돌아와 학문과 육영에 힘썼던 인물로 알려져 있다. 또한 그는 임진왜란 때 이 지역의 유명한 의병장이었던 김덕령 형제의 종조부이기도 하면서, 김성원과 정철 등의 스승이기도 하다.

환벽과 벽간, 푸르름의 주변과 사이

'환벽당'이라는 이름은 가끔 '푸른 대나무로 둘러싸인 집'이라는 뜻으로 좁게 해석되기도 하며, 그러한 이유로 현재 대나무가 남아 있지 않음을 애석해하는 이들도 있다. 그러나 환벽당은 정확히 '푸르름을 사방에 가득 두른 집'이라고 해석하는 것이 옳다. 고경명은 그의 저서인 『유서석록(遊瑞石錄)』에서 이 '환벽'이라는 이름을 영천자(靈川子) 신잠(申潛)이 붙여 편액하였다고 밝히고 있다. 또 김윤제가 거처했던 곳으로 환벽당 외에 벽간당(碧澗堂)이라는 이름이 보인다. 그러나 이 이름이 환벽당의 다른 이름이었는지 혹은 벽간당이라는 정자가 따로 있었는지는 아직 확실하지 않다.

다만 정철이 쓴 「제벽간당(題碧澗堂)」이라는 시의 소서(小序)를 보면 "사촌옹의 조그만 초려가 쌍계 위 서석 아래에 있는데, 하루는 옹이 손수 오두막의 북쪽 벽에 써 붙이기를 벽간당이라 하였다(沙村翁小草廬 在雙溪之上 瑞石之下 一日翁以手筆 題廬之北壁 曰 碧澗堂)"고 적혀 있다. 이로써 벽간당이라는 당호는 김윤제가 손수 붙인 것이요, 환벽당이란 이름은 신잠이 붙여 편액하였음을 알 수 있을 뿐이다.

현재 걸려 있는 현판은 신잠이 편액한 이후 우암 송시열이 다시 쓴 것으로 알려져 있다. 송시열은 대로(大老), 송자(宋子), 송부자(宋夫子)와 같은 이름으로 격상될 만큼 조선 후기를 대표하는 인물이었다. 조선 유학자 가운데 도통(道統)을 이은 성인을 의미하는 자(子) 칭호를 받은 유일한 인물이기도 하다. 그런 그가 손수 환벽

환벽당은 광주광역시 북구 충효동 환벽마을 뒷산 기슭에 있다. 청산녹수로 둘러싸여 있었기에 환벽(環碧)이라고 했다. '푸르름을 사방에 가득 두른 집'이라는 뜻이다.

당을 편액했다는 것은 김윤제에 대한 유학자적 흠모의 한 방식이었으리라. 재밌는 사실은 환벽당뿐만 아니라 인근 소쇄원의 '제월당'과 '소쇄처사양공지려', 화순의 '정암조선생적려유허추모비' 등의 글씨도 송시열의 작품이라는 것이다. 이곳 호남 사림들과의 관계를 짐작하게 해주는 소중한 글씨들이다.

아직까지 환벽당의 내력을 소상히 알려주는 창건기나 중수, 중건기 등은 발견되지 않아 정확한 창건 연대를 고증할 수는 없다. 다만 환벽당의 현판과 여기에 출입하였던 몇몇 문인들의 문집에 환벽당 혹은 벽간당에 대한 제영이 십여 편 전하고 있을 뿐이다. 송순, 임억령, 김인후, 김성원, 정철, 백광훈, 조자이, 권진응 등의 작품이 그것이다.

환벽당의 창건 시기는 적어도 김윤제의 나이 만 50세인 1551년(명종 6년) 이전일 것으로 추측하는 의견이 정설로 받아들여지고 있다. 이 해는 송강 정철이 16세의 나이로 부친을 따라 창평(지금의 담양군 고서면)의 성산에 와서 환벽당의 김윤제와 인연을 맺게 되기 때문이다. 그런데 이와는 달리 환벽당을 김윤제가 나주목사를 그만두고 귀향하여 지은 것으로 보고 그 창건 시기를 명종 6년보다 늦은 1558년(명종 13년) 경으로 보는 견해가 있기도 하나, 이때는 이미 여기에 '환벽'이라 편액하였다는 신잠의 사후가 되므로 수긍하기 어렵다.

자미탄 휘돌아 가는 환벽당원림

조선 중기 문인 소세양은 「환벽당」이라는 시의 서문을 통해 환벽당의 당시 모습을 그린 바 있다. 이에 따르면 환벽당에는 못과 바위, 대와 나무들이 만들어내는 아름다움이 있으며, 시냇가에는 커다란 축대를 쌓았는데, 시냇물이 이곳에 이르러 휘돌아 나가며 깊은 못을 만들어낸다고 하였다.

조선 후기 문인 김창흡이 남긴 기행문에도 환벽당에 관한 기사가 남아 있다. 동백꽃과 매화꽃으로 장식된 돌계단[화계(花階)]이 있었고, 정자 앞에는 네모반듯한 연못[방지(方池)]에 연꽃이 피어나며, 정자를 둘러싼 대나무가 울창하게 자라 푸르게 빛나고 있음을 묘사하였다.

환벽당이 원림임을 명확하게 해 주는 글들이라고 할 수 있다. 본래 원림(園林)이란 자연에 약간의 인공을 가하여 자신의 생활공간으로 삼은 곳을 말한다. 그 안에 정자를 짓기도 하고 나무나 꽃을 심어 정원을 꾸미기도 한다. 그래서 원림은 그곳을 조영했던 주인의 성격과 꼭 빼닮아 있다. 아름다우면서도 절제된, 환벽과 사촌의 기막힌 만남이다.

이러한 묘사들은 현재에도 충분히 볼 수 있다. 실제로 환벽당원림에서는 북동쪽에 위치한 방지(方池)를 중심으로 그 위에 화계(花階)를 자연석으로 축조하였음을 볼 수 있다. 또 반대편 남서쪽으로 눈을 돌리면 수령 200년 이상으로 추측되는 배롱나무 한 그루가 서 있다. 그리고 이 사이를 지나는 길에 환벽당이 위치한다. 오

가는 움직임 상 환벽당이 후원 속의 별당이라고 추측하게 하는 노선인 것이다.

다시 북서쪽으로 난 계단을 따라 내려가면 소나무와 배롱나무가 늘어선 길에 다다른다. 앞서 말한 조대쌍송의 그 길이다. 그 길 아래 시냇가엔 또 '조대(釣臺)'라고 음각된 평평한 바위가 있어 낚시를 드리우는 선경을 상상할 수 있다. 또한 여기엔 '지수석(止水石)'이라고도 새겨져 있어 물이 넘나드는 정도를 알 수 있게 한다. 원림을 조영했던 주인의 지혜를 가늠할 수 있는 대목이기도 하다.

물론 지금 보아도 자미탄을 제외한 어느 것, 어느 장소 하나 자연적이지는 않아 보인다. 환벽당 주인의 길고 소중한 시간 그리고 노력을 통해 하나하나 만들어지고 가꾸어진, 그야말로 조경이요 원림이다. 그리고 그 뒤편 언덕의 배롱나무 군락과 정자 앞 연못을 내려다보듯 서 있는 늙은 소나무, 이 원림의 화룡정점일 터이다.

조대쌍송과 환벽영추

환벽당을 오르기 전 처음 눈에 보이는 것은 늙은 소나무들과 그 아래 평평하고 너른 바위이다. 이곳에서 처음 학문을 닦았던 송강 정철이 후에 「성산별곡」에서 이곳을 노래하고, 석천(石川) 임억령(林億齡, 1496~1568)은 「식영정 20영(息影亭 二十詠)」을 지으면서, 그중 '조대쌍송(釣臺雙松)'이라 이름하고 노래하였던 바로 그곳이다.

오동 서릿달 이 사경에 돋아오니
천암 만학이 낮인들 그러할까
호주 수정궁을 뉘라서 옮겨왔는고
은하를 뛰어 건너 광한전에 올라 있는 듯
짝맞은 늙은 솔일랑 조대에 세워 두고
그 아래 배를 띄워 가는 대로 놓아두니
홍료화 백빈주 어느 사이 지났길래
환벽당 용(龍)의 못이 뱃머리에 닿았구나

— 정철, 「성산별곡」 중에서

  실제로 이곳에는 다섯 그루의 소나무가 서 있다. 어느 나무가 '짝 맞은 두 그루 노송'인지 알 길은 없지만, 그 풍경만은 눈에 보일 듯 확연하게 다가선다. 석천 임억령은 이곳에서 참된 은사(隱士)의 모습을 노래하기도 하였다. 그 은사가 식영정의 주인이든, 서하당의 주인이든, 바로 이곳 환벽당의 주인이든 그것은 중요하지 않아 보인다. 이곳 성산 일대에서 세월을 낚으며, 문향을 피워내고, 죽림의 교유를 이룬 이들이 모두 그들이니, 그가 시에 말한 조주인(釣主人)이 바로 그들 아니었겠는가.

비에 씻기니 돌에는 때가 없고	雨洗石無垢
서리 들이쳐서 소나무 껍질은 두껍네	霜侵松有鱗
이 늙은이 오직 즐거움을 취할 뿐	此翁唯取適

| 곧은 낚시 드리웠던 강태공은 아니라네 | 不是釣主人 |

- 석천 임억령, 「식영정 20영」 중 '조대쌍송(釣臺雙松)'

강태공이 어떤 인물인가. 주나라 문왕 때 위수(渭水)에서 빈 낚싯대를 드리우고 자신을 알아줄 사람이 나타날 때까지 기다리며 세월을 낚는다고 했던 그 인물이 아니던가. 그러나 석천은 자신들이 그런 낚시를 하는 강태공이 아니라고 말한다. 누군가의 눈에 들어 현실에 뛰어들고 다시금 나래를 펼치고자 하는 그런 인사가 아니라, 그야말로 세상을 초탈한 선인(仙人)의 경지를 품고 있음이라 말하고 싶은 것이었으리라.

어찌 보면 조대(釣臺)는 풍파를 막아주고, 환란에서 지켜주려는 듯 포근히 감싸 안은 소나무들 사이에 아늑하게 놓여 있다. 마치 요람 속의 아이처럼 편안한 모습이다. 그 조대에 털썩 앉으면 눈앞으로 파랗게 펼쳐지는 물길이 바로 용소(龍沼)다. 석천은 이곳에 대해서도 다음과 같이 노래하였다.

맑은 연못 모래톱의 잔잔한 물결	澄湫平沙浪
나는 듯한 누각은 배와 같구나	飛閣望如船
밝은 달빛 아래 피리를 길게 부니	明月吹長笛
물속에 잠긴 용은 잠들지 못하느니	潛蛟不得眠

- 「환벽영추(環碧靈湫)」

안타깝게도 지금 용소의 진면목을 볼 도리는 없다. 그 옛날 창계(자미탄)가 흐르던 물줄기 끝머리 어디쯤이자 증암천 상류에 해당하는 곳에는, 오늘날 넓고 푸른 광주호가 들어서 있다. 이런 작품들을 통해서만이 어렴풋이 그 옛 모습을 간신히 가늠해볼 수 있을 뿐이다. 그래도 간혹 엉성한 그물이나마 들고 얕은 여울에서 물고기를 잡는 저 아이들의 모습에서 아쉬움을 달래볼 따름이다.

환벽과 송강의 인연

환벽당은 창건 이후 김윤제의 별서로서 뿐만 아니라, 정철이 과거에 급제하여 벼슬길에 나아가기까지 유숙하며 공부하였던 유서 깊은 곳이다. 또 당시 인근의 식영정, 소쇄원과 함께 '한 마을의 세 명승(一洞三勝)'으로 일컬어지면서 많은 문인들이 출입하였던 문학 활동의 주요한 무대로서의 역할을 담당하였으니, 송순, 임억령, 김인후, 김성원, 정철, 백광훈 등의 제영이 지금도 전한다. 정자 아래에는 김윤제와 정철의 아름다운 만남에 대한 전설이 서린 조대와 용소가 있다.

송강 정철은 유배에서 풀려난 부친을 따라 창평에 살면서, 청년기를 보내게 된다. 그런 와중에 송강은 순천에 있던 형을 만나러 가다가 사촌 김윤제의 눈에 띄어 그의 문하에서 공부하게 되었다고 한다. 사촌 김윤제가 낮잠을 자다가 꿈에 조대(釣臺)에서 한 마리 용을 발견하였는데, 나가 보니 소년이 목욕하고 있더라는 것이었다. 그가 바로 송강 정철이었다.

김윤제는 그를 데려와 몇 가지 문답을 거친 끝에 그의 비범함을 알아보고 순천행을 만류한다. 그리고 학문을 가르치기 시작하였는데, 그때가 바로 16세부터 27세까지 송강이 이곳에서 공부했던 시기이다. 유배지 생활의 고통과 절망의 늪에서 벗어나, 그의 일생에서 가장 중요한 성장기를 바로 이곳에서 보내게 되었던 것이다. 송순, 김인후, 기대승 등 당대 저명한 문인이자 학자들 밑에서 최고 엘리트로서의 수련을 쌓으며 이이, 성혼 등을 위시하여 비슷한 연배의 인물들과도 교유를 시작하게 되었다.

그 사이 김윤제는 그의 외손녀를 송강에게 시집보냈다. 그러니 김윤제와 송강은 서로 사제지간일 뿐만 아니라, 송강에게 김윤제는 처의 외조부가 되었다. 그런 까닭에 송강에게 이곳 환벽당과 그 주변은 그의 삶이 본격적으로 시작된 곳이자, 학문과 사상을 영글게 하며 문학적 감수성을 담금질하던 텃밭이요, 수많은 절창들을 쏟아낸 창작의 산실이라고 할 수 있는 것이다. 송강 평생의 정신과 정서가 깃든 마음의 고향이자 송강문학의 고향이 바로 환벽당인 것이다.

비어 있는 환벽당의 주인은 바뀌었고

환벽당에 걸려 있는 조자이(趙子以)의 시는 오늘날 이곳을 찾는 이들의 마음과 다를 바 없다. 느낀 바를 생각나는 대로 읊었다는 그의 시이다.

승상께서 사신 옛터 어디에서 찾을는지　　　　丞相故墟何處尋

명양고을 서호 위에 그의 유적 남아 있네	鳴陽縣郭瑞湖潯
맑은 이름 곧은 절개 어진 자손 이어가고	淸名直節賢孫繼
남긴 여운 맑은 유풍 지난 손이 흠모하네	餘韻遺風過客欽
비어 있는 환벽정자 새주인이 바뀌었고	環碧亭空新易主
그 옛날의 서하당이 아직까지 건재하네	棲霞堂在古猶今
통가(通家)에 이 소자 찾아와 슬피 읊조리니	通家小子悲吟地
늙은 나무 찬 물결에 이 마음이 설레네	老木寒波無限心

— 조자이, 「유감지회(有感志懷)」

늦여름 지날 때면 환벽당을 붉게 물들이며 무리 지어 피어나는 꽃무릇이 지천이다. 꽃무릇, 다른 이름으로 상사화(相思花)라 한다. 평

생을 꽃과 잎이 함께하지 못한 까닭에 애처로운 아름다움을 자아내는 꽃이다. 조자이 또한 그러하였을까. 선조 때부터 대대로 친하게 지냈던 집[통가(通家)]을 찾았지만 선인을 흠모하며 만나지 못하는 회한을 토로하는 모습이 마치 꽃무릇의 자태로 피어나는 듯하다.

사실 환벽당에 걸려 있는 시이지만, 시에서 흠모하는 승상은 김윤제가 아닌 송강이다. 흔히 「유감지회(有感志懷)」라고 알려져 있는 이 노래의 원제목은 '옛날 송강 선생이 살았던 곳을 지나며 감회가 있어 이에 정달부에게 준다[過松江先生舊居有感志懷仍贈鄭達夫]'이다. 조자이가 이곳을 지날 무렵 환벽당은 이미 영일 정씨의 소유가 되어 있었다.

신(新) 일동삼승(一洞三勝)

일찍이 면앙정 송순(俛仰亭 宋純, 1493~1528)은 환벽당과 식영정, 소쇄원을 가리켜 "한 동네에 세 군데의 명승이 있다"고 하였다. 환벽당을 중심으로 한국문학사의 걸출한 불후의 문사들이 배출되고, 당대 최고의 석학과 시인묵객들이 이곳에 드나들었다는 사실도 부인할 수 없다. 게다가 최근 환벽당은 명승 제107호로 지정되었다. 이제 이곳 인근은 소쇄원(瀟灑園, 명승 제40호), 식영정(息影亭, 명승 제57호)과 더불어 약 500여 년 만에 신일동삼승(新一洞三勝)의 면모를 갖추게 되었다.

현재 환벽당의 구조는 정면 3칸과 측면 2칸에 골기와를 인 팔작지붕 형태로, 왼쪽 2칸은 거실로 꾸며져 있다. 정자 안에는 송시열

이 쓴 '환벽당'이라는 제액과 더불어 임억령과 조자이의 시가 현판으로 걸려 있다. 송강의 현손인 정흡(鄭潝)이 김윤제의 후손들에게 사들여 현재 영일 정씨 문중에서 관리하고 있다.

한국 16~17세기에 전통원림의 정자는 한국 풍류문화의 소산이자, 동시에 풍류문화의 산실이다. 수려한 한국 산수의 물이 흐르거나 산을 등진 풍치 좋은 곳이면 으레 정자가 자리하였고, 또한 거기에는 역사의 부침에 따른 애환을 담은 숱한 이야기가 함께하였다. 환벽당은 그런 문화의 원천이자 끊이지 않는 보고라 할 것이다. 자연경관을 감상하고 시문과 가사를 지으며 풍류를 선도한 조선시대 누정문화의 한 축이자 풍류정신의 원류로서 환벽당은 지금도 우리 곁에 서 있다.

여행 길잡이

푸르름으로 내 삶을
물들이고 싶은 환벽당

　시내 하나를 사이에 두고 광주와 담양으로 나뉘는 경계지점의 언덕 위에 환벽당은 자리한다. 그곳을 흐르는 물을 사람들은 창계라 하고, 용추라 하고, 자미탄이라 부르기도 한다. 창계와 자미탄은 그곳의 자연과 조응하여 이뤄진 이름이다.
　환벽, '사방이 푸르름으로 고리를 둘렀다'는 뜻에 어울리게 소나무 대나무 숲이 우거진 곳에 환벽당은 앉아 있고, 태양의 이면에서 산도 푸르고 정자도 푸르른데 그 빛이 반영되어 물빛도 푸르렀음을 창계에 담고 있다.
　자미탄은 식영정의 아름다운 경관을 이야기하는 「식영정 20영」에도 나온다. 물가에 심어진 배롱나무가 뜨거운 여름부터 추수하는 가을까지 100여 일을 활짝 피어 물속에 투영되니 하늘에도 배롱꽃이고 물속에도 배롱꽃이라고 해서 한자로 배롱을 일컫는 '자미'와 여울 '탄'자를 써서 자미탄이라 부르는 것이다. 아쉽게도 광주호가 들어서면서 도로가 높아지고, 기존의 길은 물속에 잠기면서 사라져 버렸다.

용추는 신령스러운 연못을 의미하는데 이 말에는 환벽당을 지은 사촌 김윤제와 이곳에서 인연이 되어 11년을 공부하게 된 송강 정철의 만남을 기리는 뜻이 배어 있다. 16살의 송강이 순천에 유배된 형을 만나러 가는 길에 잠시 환벽당 아래 맑은 물에 더위를 식히는데, 정자에서 잠을 자던 사촌이 꿈에 그곳에서 푸른 용이 승천하는 모습을 보았다. 둘러보니 똘망한 청년이 있어 그를 불러들여 제자로 삼았고, 송강은 이곳에서 학문과 시문을 두루 익혀 조정에 나아갔던 것이다. 환벽당의 주인은 이와 더불어 송강을 외손녀와 결혼하도록 하여 스승과 제자의 관계를 넘어 외서손으로 삼았다. 그러니 이곳은 용이 나온 신령스러운 용추이기도 하고, 신비한 연못인 영추이기도 하면서, 깊이 패여 있으니 용소이기도 한 것이다.

또 한편으로는 이 물가에 암반이 발달되어 있고 후면으로는 늙은 소나무가 마치 우산처럼 펴져 있어 낚시대를 드리우며 조대라고 불렀고, 어울려 놀기에도 안성맞춤이라 1590년 이곳을 배경으로 사촌의 후손과 제자 11명이 별뫼의 계류에서 더위를 씻는 놀이를 기록한 「성산계류탁열도」라는 그림과 시가 전해 오고 있다. 2012년부터 광주문화재단에서는 매해 복날 언저리에 이 광경을 재현하는 행사도 가지며 무등산 아래 선비들이 누정을 배경으로 어떤 사유와 행동들을 했는지 공감하는 자리를 정례적으로 시행

하고 있다.

환벽당의 주인 사촌 김윤제는 은둔하기 위해 나주목사를 그만두고 향리에 조촐한 정자를 지어 벗들과 유유자적하면서 송강이나 김덕령 형제들을 가르치는 처소로 삼았다. 소쇄공 양산보가 한양에 올라가 정암 조광조의 가르침을 받다 스승이 유배 끝에 사약을 받고 죽는 모습에 출사를 단념하고 숨어 살면서 소쇄원을 지을 때 사촌은 후원을 아끼지 않았다. 그는 소쇄공의 처남이기도 하다.

환벽당은 아담한 동산에 널찍한 뜨락을 가지고 동으로는 원효계곡을 바라보고 남으로는 무등산을 우러르며, 서쪽으로는 광주호를 거느리고 있는 곳이다. 그 북측으로 흐르는 물줄기가 식영정과 연결되는 지점이라 여기에 홍교를 놓았다고 한다. 「식영정 20영」의 '단교귀승(短橋歸僧)'이라는 시가 이것을 뒷받침한다. 또한 용추에는 조그만 배를 띄우고 노닐었음을 시를 통해 알 수 있다. '송담범주(松潭泛舟)'라는 시에 "오래된 소나무에 아래 배를 띄우고"로 시작하는 구절도 있다. 이처럼 환벽당에는 후진 양성과 은일이라는 뜻이 깃들어 있다. 또한 마음이 통하는 벗들과 함께 침잠하고 소요하며, 때로는 양반민속이라 할 탁족이나 뱃놀이, 낚시 등을 하면서 유유자적한 공간임을 알 수 있다.

강안을 따라 축조된 작은 담을 따라가면 조그마한 협문이 등장하고, 강돌을 쌓아 만든 계단을 타고 오르면 반반한 곳에 소탈하게 얹혀 있는 정자가 환벽당이다. 주변으르는 오래된 늙은 매화와 모과나무와 벽오동이 세월을 이겨가고 있다. 동백과 시누대와 소나무가 남아서 이곳이 푸르름의 고리였던 환벽당임을 입증하고 있다.

축대 아래로 내려서면 조그마한 연못이 있는데 연꽃과 수련이 자라고, 9월이면 주위에는 꽃무릇이 지천으로 피어난다. 이곳에서 붉어진 마음으로 왕실의 안녕과 벗들의 안위를 묻고 고준담론을 펴던 선비들의 적요한 모습과 그 발아래 개울가에서 하 수상한 시절을 벗어나고자 몸부림쳤던 선비들이 오버랩되는 공간이다.

여행팁

환벽당의 정자는 무등산이 토해낸 암반 위에 자리하고 있다. 주춧돌 용도라도 되는 듯 자연스럽게 다듬어진 돌에서 정감을 느끼고, 우암 송시열이 물 흐르듯 쓴 '환벽당'이라는 당호의 글씨도 완상하면 좋다. 오래된 모과나무와 동백나무를 쓰다듬고 시냇가로 내려가면 노송이 있고, 「성산별곡」의 한 자락인 "짝 맞는 늙은 소나무가"를 새긴 시비도 읽어보자. 그리고 바로 아래로 내려가면 낚시자리처럼 평평한 바위 암반의 물가 쪽 사면에는 "조대", "지수석"이라는 글씨가 새겨져 있다. 정자체로 쓰인 이 글을 보면서 이곳을 배경 삼아 거닐었던 선비들을 떠올려도 좋겠다.

취가정醉歌亭

취가정
醉歌亭

 통한다는 것과는 달리 불통(不通)은 다소간 인위적인 것이다. 몸 담은 세상과의 인위적인 관계망 속에서 형성된 불통은 어쩌면 세계와의 합일을 거부하는 결과를 낳을 수도 있다. 그래서 불통은 때로 죽음을 부르기도 하였다. 명승이라 할 것도 없는 그런 조그마한 언덕 위 취가정은 우리에게 그런 억울한 죽음, 불통의 비극적 결말을 다시금 상기시켜준다.

광주광역시 기념물 제1호
 취가정은 광주광역시 북구 충효동 성안마을 뒷산에 있는 누정으로 광주광역시 기념물 제1호이다. 그 이름이 주는 무게감이 제법 만만치 않다. 그래도 환벽당 앞 두 그루 늙은 소나무를 바라보며 창계를 따라 남쪽으로 난 담장길을 걷노라면 야트막한 언덕이 다가선다. 얼핏 보면 어느 시골 마을이든 으레 있을 법한 그저 평범한 언덕일 뿐, 무언가 품었음직한 양은 아니다. 언덕을 마주하면 그 사이 조그마한 흙 계단이 고개를 내민다. 반갑게 발을 딛고 아는 체하며 계단을 오르면, 그 흙 계단만큼이나 단출한 정자가 하나 서 있다.

정자의 진짜 주인은 단 한 번도 이 정자 안에서 앉아보지도 누워보지도 못했겠지만, 쉬어가는 길손이야 그 사정을 얼마나 알아줄까. 누정이라면 대부분 그렇듯이 바로 앞에 근사한 물길이며, 꽃길이며, 저절로 시심(詩心)이 맺혀 나올 그런 풍경을 가지리라 기대하겠지만, 이곳에선 그마저도 사치인 듯싶다. 그저 눈앞에 널따란 논과 밭이 펼쳐져 있을 뿐.

그는 얼마나 억울했으면 죽어서까지도 술에 취해 노래하며 그의 마음을 호소했을까, 취가정이라. 취가정은 충장공(忠壯公) 김덕령(金德齡, 1568~1596)을 기리는 마음으로 그의 후손인 난실 김만식 등이 1890년(고종 27년)에 창건하였다고 한다. 1950년에는 전란으로 인해 소실되는 아픔을 겪었고, 현재의 건물은 1955년 김만식의 후손 김희준 등이 중건한 것이다. 정면 3칸, 측면 2칸의 골기와 팔작지붕 형태로, 중앙에는 재실을 배치하였다. 송근수의 기, 김만식의 상량문, 김문옥의 중건기 및 선조 때의 시인 석주 권필과 김덕령의 시 등을 새긴 현판이 남아 있다.

임진왜란과 억울한 죽음

김덕령은 임진왜란 당시 그의 형인 덕홍과 더불어 의병을 일으켜 왜적에 대항한 의병장으로 더욱 알려진 인물이다. 고경명 부대 언덕을 마주하면 그 사이 조그마한 흙 계단이 고개를 내민다.
반갑게 발을 딛고 아는 체하며 계단을 오르면,
그 흙 계단만큼이나 단촐한 정자가 하나 서 있다.

와 함께 왜적과 싸우다가 모친상을 당해 광주로 내려왔다. 그 와중에도 그는 의병을 모집하는 격문을 띄워 의병을 모으고 전투에 나서 큰 전과를 올렸다. 그러다가 권율 장군의 막하에서 반란군 이몽학과 내통했다는 억울한 누명을 받는다. 짧은 생이나마 나라와 민족을 위해 모든 것을 내던지고 전장을 누볐던 그에게는 그래서 더욱 억울한 누명이었으리라.

그의 성품과 충정 때문이었을까. 한 번은 그가 진주에서 전쟁 준비를 마치고 전장에 나서겠다고 요청하였으나 묵살당한 적이 있었다. 바로 눈앞에 왜군을 두고서도 전장에 나서지 못하였으니, 그 울분이 어떠했겠는가. 그럼에도 그는 그 울분을 군기를 엄히 다스리는 일로 삭혔다. 그런데 1596년(선조 29년) 어느 날, 그 군기를 참지 못하고 역졸을 죽이고 도망간 군사가 생겨났다. 그는 그 군사를 대신해 그 아비를 잡아들여 치죄하였는데, 하필이면 그 군사가 도체찰사 윤근수의 노비였다. 자신의 노비가 관련된 일에 도체찰사는 앙심을 품어 거짓으로 상소를 올려 김덕령을 옥에 가두게 한 일화도 있었다.

같은 해 7월, 충청도 홍산 지역 근처에서 왕족 이몽학(李夢鶴)이 반란을 일으키자 그는 의병을 모집하여 충청도로 상경하다 반란이 진압되자 되돌아갔다. 그런데 반군을 문초하던 중 최, 홍, 김이 적힌 패가 나와 문초하니 고문에 견디다 못한 졸개가 최담령, 홍계남, 김덕령 등 명망 있는 장수들을 무고했다. 이에 무과에 급제한 정식 장수이면서도 후방에 배치되거나 김덕령의 막하에서 종

군했던 것을 불만으로 여기던 신경행이 김덕령을 체포했다. 그리고 8월 4일 반란수괴 이몽학과 내통했다는 죄명으로 압송당했고, 선조가 친히 국문을 열었다. 우의정 정탁 등의 구명, 탄원 노력에도 불구하고 형문은 계속되었다. 선조는 그에게 6회 연속으로 직접 형문을 가했으나 그는 혐의에 승복하지 않고 억울함을 호소하였다.

『선조수정실록』에 따르면, 류성룡은 김덕령의 치죄를 신중히 하도록 간했으나 윤근수의 형제이기도 했던 서인 판중추부사 윤두수는 엄벌을 주장했다. 수백 번의 형장 심문으로 마침내 정강이뼈가 모두 부러질 정도로 혹독한 고문을 받은 김덕령은 다시 서울로 압송되어 감옥에 갇히고 혹독한 고문 끝에 장독을 견디지 못하고 나이 서른도 채 되기 전에 옥사하고 만다.

김덕령과 석저촌, 충효리

김덕령은 1567년(명종 22년), 광주 석저촌(石底村)에서 태어났다. 환벽당의 주인이었던 사촌 김윤제의 증손자로, 형 덕홍과 함께 성혼의 문하에서 수학하였다. 현재 취가정이 위치한 아래 마을이 지금의 충효동 즉 석저촌이다. 그의 생가터에는 생가임을 알리는 터비가 서 있고, 그를 기리는 불천위(不遷位) 신위를 모시는 사당이 있다.

그가 태어난 석저촌은 꽤 유서 깊은 마을로 알려져 있다. 충효동과 가까운 담양군 남면 학선리에 '개선사지'란 절터가 있고, 이곳

마을 앞에는 수령 400년 정도로 추정되는 왕버들 세 그루가 있고,
그 옆에는 김덕령과 그의 부인의 충절을 기리는 비가 서 있다.

에는 9세기에 세워진 석등이 있다. 화사석에 새겨진 명문으로 유명한 석등에 '석보평(石保坪)'이란 들 이름이 나온다. 석저촌이란 지명의 연원인 석보란 말은 600~700년경부터 이미 사용되었던 것으로 추정된다. 석저촌에서 태어났기 때문에 김덕령은 '석저장군'이라고도 불렸다. 그런데 왜군들은 이 별칭이 그의 고향 이름에서 딴 것인 줄 모르고 돌 밑에서 태어난 사람인 줄 알았다는 재미난 이야기가 조선 후기 실학자였던 이긍익의 『연려실기술』에 전한다.

마을 앞에는 수령 400년 정도로 추정되는 왕버들 세 그루가 있고, 그 옆에는 김덕령과 그의 부인의 충절을 기리는 비가 서 있다. 그의 부인이었던 홍양 이씨는 정유재란 당시 담양 용면에 있던 보리암 인근 절벽에서 순절하였다. 왜적에게 쫓기자 굴복할 수 없다면서 이곳 절벽까지 와서 몸을 던져 스스로 목숨을 끊었던 것이다.

동네 사람들은 이 일대를 '비각거리'라 부른다. 비각은 '조선국 증 좌찬성 충장공 김덕령 증 정경부인 홍양이씨 충효지리(朝鮮國 贈 左贊成 忠壯公 金德齡 贈 貞敬夫人 興陽李氏 忠孝之里)'라는 긴 이름을 가진 비석, 그래서 간단히 '정려비'라 부르는 비석을 보호하기 위해 세운 것이다. 너무 길어 세 줄로 나눠 쓴 비석의 긴 이름만큼이나 비는 많은 사연을 담고 있다. 비에 새겨진 내용은 다음과 같다.

충용장군 김덕령은 의병을 일으켜 위엄과 명성이 일본에까지 알려졌으나, 모함으로 죽게 되었다. 그의 형 덕홍도 금산 전투에서 먼저 죽었고, 부인 이씨도 왜적을 만나 절개를 지키며 죽었다. … 현종은 김덕령의 원통함을 씻어주고 병조참의를 추증하였으며, 숙종은 병조판서로 다시 올리고, 의열이라는 이름을 내렸다. 정조는 1788년에 좌찬성으로 다시 올리고 충장이라는 시호를 내려 주었으며, 이씨에게는 정경부인을 추증하고 덕홍에게도 지평을 추증하였다. 아울러 김덕령의 고향 마을을 충효리라 이름 지어주고, 비석을 세워 이를 기렸다. … 마을 이름을 충렬이라 하지 않고 충효라 한 것은 충렬의 마음이 효에서 나왔기 때문이다.

1788년 정조는 김덕령에게 '충장(忠壯)'이란 시호를 내리면서 왕명으로 그의 고향 석저촌을 '충효리'라는 이름으로 바꾸도록 하였다. 지금 이 동네가 충효동으로 불리게 된 연유다. 그리고 그의 시호인 충장은 광주의 최대 번화가가 된 '충장로'라는 거리로 되살아났다.

충렬보다는 충효

선조 앞에 끌려가 국문을 당할 때 김덕령은 통곡하며 호소했다. 역모의 뜻이 결코 없었음은 물론이요, 그 자신이 죄가 있다면 오로지 난리 중에 돌아가신 어머니의 3년 상을 치르지 못해 효의를 어겼다는 것이었다. 그러나 이런 호소에도 불구하고 김덕령은 약 20여 일에 걸친 형문과 모진 고문 끝에 옥중에서 생을 마감하게 되었다.

그 억울함이 결국 밝혀졌기 때문이었을까. 그의 한은 정조가 직접 지어 하사한 「어제김충장유사서」에도 보인다. 정조는 여기에서 "하늘은 그를 내셨는데 사람이 액을 주고, 재주는 타고 났는데 쓰이는 길은 좁아 결국 무고한 탄핵"을 받았다고 언급하였다. 아래는 정조가 하사한 글의 일부이다.

(상략) 아, 충장공 같은 이는 어쩌면 그리도 불행했던가. 그가 태어난 시기는 국운이 한창 왕성하던 선묘 때였다. 그 당시 인재가 배출된 것은 거의 주나라 무왕 때에 버금갈 정도였는데, 그가 그 뛰어난 용력과 세상을 요리할 만한 재목으로 칼을 짚고 용기백배한 군사들을 통솔할 때, 익호장군이니 석저장군이니 하여 조정에서 그를 중히 여기기 어떠했으며 또한 적국(적국)에서는 얼마나 꺼려하던 존재였던가. 그 강대하고도 충만한 기운을 절월을 잡고 전군을 지휘하는 데 조금이라도 써 보았더라면 연연산에다 공적을 새길 만도 하고, 능연각에 화상이 걸릴 만도 했을 뿐더러 임진왜란 때 8년 동안이나 그들로부터 치욕을 당할 까닭도 없었을 것이다. 애석하게도 하늘은 그를 내셨는데 사람이 액을 주고, 재주는 타고 났는데 쓰이는 길은 좁아 결국 무고한 탄핵을 받은 무목, 악비처럼 억울함을 당하고 지금의 사람들이 술을 마시며 축하를 하게 한 장본인이 되었던 것이다.(하략)

이런 그의 효성과 충정 때문이었을까. 그의 효성과 관련한 일화나 전설은 꽤나 많은 편이다. 그중 인근 화순군에 있는 독다리마을에 얽힌 전설이다. 이곳에 있는 독다리에는 마을 앞에 맑은 물이 흘러 예부터 물고기가 많았다고 한다. 충장공 김덕령 장군이 부친의 약을 구하러 이곳에 내려와 숙부에게 말하니, "부종에는 가물치가 선약이다."고 하면서 냇가에서 잡으라고 하였다. 그리하여 누나와 함께 냇가에 당도하였는데, 하필 소나기가 내려 큰물이 일어나는 바람에 고기잡이는커녕 냇물을 건널 수도 없게 되었다. 이때 누나가 "나는 이 물에 다리를 놓을 테니 너는 고기를 잡아라."고 하며 치마에 큰 돌을 싸서 다리를 놓았다고 전한다. 이로써 마을 이름을 독다리라 하였다. 전설에는 가물치라고 말하나, 실은 이곳 복천에서 유명했던 고기는 거기서 태어나 자란 은어라고 한다. 김덕령이 고기를 잡아 부모를 봉양하였다고 해서 이곳을 김장군조대라고도 부른다.

불통의 노래, 「춘산곡」과 「취시가」

춘산의 불이 나니 못다 핀 꽃 다 붙는다
저 뫼 저 불은 끌 물이나 있거니와
이 몸의 내 없는 불 일어나니 끌 물 없어 하노라

그가 옥중에 있을 때 지었다는 시조 「춘산곡(春山曲)」이다. 억울한 일을 당한 그의 처참한 심경이 생생하게 드러나 있다. 가슴속에 터질 듯 억울한 덩어리 하나 품고, 그 덩어리가 불덩이가 되는 지경에 이르렀어도 헤아려주는 이는 아무도 없었다. '정치야 고금을 막론하고 그런 것이겠지.'라고 이해하려 해도, 백성과 나라를 위한 순정이 처절히 짓밟히고 마는 데야 더 이상 할 말이 없다.

  전하는 이야기에 따르면, 억울하게 옥사한 김덕령이 권필의 꿈에 나타나 술에 취해 자신의 억울함을 하소연하는 노래, 일명 「취시가(醉時歌)」를 지어 부르자, 이에 권필이 노래로 화답하며 위로하였다고 한다. 권필은 김덕령이 생전에 친하게 지냈던 송강 정철의 제자 중 한 사람인데, 그의 호방함을 김덕령도 익히 알고 꿈속에 들어갔을까. '취가정'이라는 정자 이름 역시 권필의 꿈속에서 김덕령이 지어 불렀다는 노래 「취시가」에서 따온 것이다. 정자 앞엔 그의 넋이라도 위로하려는 양 늙은 소나무가 한 그루 있어 바람 따라 이들의 노래를 번갈아 들려준다.

한 잔 하고 부르는 노래 한 곡조,	醉時歌
이 노래 듣는 사람 아무도 없네.	此曲無人聞
나는 꽃이나 달에 취하고 싶지도 않고	我不要醉花月
나는 공훈을 세우고 싶지도 않아	我不要樹功勳
공훈을 세운다니 이것은 뜬구름	樹功勳也樹浮雲
꽃과 달에 취하는 것 또한 뜬구름.	醉花月也是浮雲
한 잔 하고 부르는 노래 한 곡조,	醉時歌
이 노래 아는 사람 아무도 없네.	此曲無人知

춘산의 불이 나니 못다 핀 꽃 다 붙는다
저 뫼 저 불은 끌 물이나 있거니와
이 몸의 내 없는 불 일어나니 끌 물 없어 하노라

내 마음 다만 원하기를 긴 칼로 명군을 받들고자	我心只願長劍奉明君
장군께서 예전엔 칼을 잡으셨으나	將軍昔日把金戈
중도에 큰 뜻 꺾이니 운명을 어찌하리오	壯志中催奈命何
돌아가신 그 넋 그 끝없는 한이여	地下英靈無限恨
분명 이 곡조는 취시가일러니	分明一曲醉時歌

취가정 전면의 네 기둥에는 각각 주련(柱聯)이 걸려 있다. 충장공의 애틋한 사연을 담아 그의 넋이나마 위로하고자 함일까. 해와 달을 뚫는 듯한 김덕령의 기상에 소름이 돋고, 덩달아 취한 듯 힘 빠지는 다리를 주체하지 못하고 대청마루에 걸터앉는다. 마치 충장공의 한을 달래려는 듯 수백 년 된 노송 잎에 찬바람만 스쳐간다. 죽어서도 이 산하를 못 잊겠다는 듯 들판만을 마주하고 있는 그곳을 돌아서는 발걸음이 괜스레 무거워진다.

충성은 일월을 뚫고	忠貫日月
기운은 산하를 덮네	氣壯山河
땅에서 취해 노래부르니	醉歌於地
그 소리 하늘까지 들려라	聲聞于天

유홍준은 취가정 뒷마루 바로 앞에 서 있는 이 노송에 주목한다. "두 팔을 벌리고 춤을 추는 것도 같고, 요염한 여인의 몸매무새 같기도 한 이 소나무가 취가정 설계의 기본 아이디어가 되었던 것이

취가정 전면의 네 기둥에는 각각 주련(柱聯)이 걸려 있다. 충장공의 애틋한 사연을 담아 그의 넋이나마 위로하고자 함일까.

다. 본래 우리나라의 전통 조원(造園)에서 조경설계자들이 가장 먼저 고려한 것은 나무, 그중에서도 소나무의 위치였다. 집은 자리를 이곳저곳에 잡을 수 있으나 나무 특히 소나무의 위치는 옮길 수 없는 것이기 때문이다. 식영정에서도 이 원칙은 마찬가지였던 것이다. 그러니 취가정은 저 흐드러지는 멋이 넘쳐흐르는 소나무를 위해 지은 정자"라고 언급한 바 있다.

김장군, '덩령이' 전설

광주의 대표적인 향토사학자였던 박선홍은 무등산을 말할 때 충장공 김덕령 장군을 떼어놓을 수 없다고 했다. 그만큼 무등산의 돌 하나, 봉우리마다, 골짜기마다 그의 전설이 담겨져 있기 때문이다. 그는 민초들의 가슴속에 영원한 구국의 영웅으로 새겨져 있지만, 나무꾼이나 나물 캐는 아녀자들의 입에 오르내릴 때에는 '덕령이', '덩령이'라 불리게 된다. 그만큼 '덕령이'는 광주 사람들의 의식 저변에 친근하게 용해되어 있는 영원한 벗이라. 그에 관한 일화나 전설 몇 개만 소개해 본다.

어느 날 김덕령을 임신 중이었던 그의 어머니가 동료 아낙들과 빨래를 하고 있었을 때, 갑자기 호랑이가 나타나 몸종을 물려고 하자 김덕령의 어머니가 호랑이를 막았는데 호랑이가 김덕령의 어머니에게 감히 덤비지 못하고 물러갔다고 한다. 이후 고승에게 물어보니 "배 속에 있는 아이의 기운이 워낙 강해서 호랑이가 덤

벼들지 못했다."라고 했다.

  김덕령은 날 때부터 눈을 뜨고 울지도 않았다고 한다. 힘이 엄청 세어서 다리가 묶인 채 무릎만으로 담을 뛰어넘었다고 한다. 화가 나면 눈에서 불이 날 것 같은 안광을 내뿜었는데, 이 눈을 보면 아무리 기운이 센 사람도 견디지 못하고 쓰러졌다고 한다. 14살 되던 해에는 마을에 나타난 호랑이를 맨손으로 때려잡았는데, 이후 총 3마리의 호랑이를 맨손으로 잡았다고 한다.

  임진왜란이 일어나자 의병을 일으켰는데, 피난 중이던 광해군을 구해 익호 장군이라는 호칭이 붙었다. 워낙 무력이 출중하여 왜군은 김덕령이 있는 곳에는 얼씬도 못했다고 한다. 의병장으로 활동하던 당시 유정(惟政) 스님에게서 왜장 가토 기요마사(加藤淸正)가 조선의 정기를 끊기 위해 일본에서 요괴를 불러들였다는 이야기를 듣고 기요마사의 진영에 단신으로 침투하여 철추로 왜적을 쓰러뜨리고 별량고에 불을 붙여 적진을 혼란스럽게 한 다음, 조선인 하녀의 도움으로 야만바(山婆)라는 요괴를 잡았다고 한다.

  특히 임진왜란과 관련해서 고전소설 『임진록』에서는 김덕령이 함경도 사람이라고 나오며, 키가 9척이라고 하였다. 그러나 실제로 김덕령은 덩치는 작지만 용력이 뛰어났다는 기록들이 많다. 1965년 광산 김씨 문중이 이장하기 위해 관을 열었을 때 김덕령의 신장은 160㎝ 정도였다고 한다.

  이 소설에는 김덕령의 최후에 관한 대목도 있다. 능력이 있으면

얼마나 억울했으면 죽어서까지도

술에 취해 노래하며

그의 마음을 호소했을까,

취가정이라.

서도 나라를 위해 싸우지 않았다는 조정 신료들의 규탄으로 결국 압송되어 참수를 당했다는 것이다. 당시 칼로 목을 내리쳤는데 목은 멀쩡하고 칼만 부러졌다. 김덕령은 "소인의 겨드랑이에 있는 비늘을 걷어내고 치소서."라고 말했다. 사람들이 그의 겨드랑이를 살피니 정말 용의 비늘이 있었고, 그 비늘을 떼어내고 목을 치자 그제야 죽고 말았다는 것이다.

흔적 없는 그곳에 남은 충심

현재 취가정에서는 그가 살았던 흔적을 전혀 찾아볼 수 없다. 1955년에 이르러서야 그의 후손에 의해 지어진 정자이기 때문이다. 그래도 그 누정 앞에 서면 시간은 저절로 과거로 흐른다. 대청마루에 엉덩이라도 걸칠라치면, 그의 충심이 절절히 스며 있는 주련에 손이라도 댈라치면, 지금도 억울한 듯 두 손을 벌리고 하늘을 쳐다보고 있는 늙은 소나무에 눈길이라도 보낼라치면 우리는 이미 '덕령이'가 되어 있다. 고은 시인의 『만인보』 7권에도 그를 다룬 시가 있다. 제목은 그대로 「김덕령」. 이 한 수, 다시 읊조리는 것만으로도 취가정의 진면목을 알리라.

풍신수길의 왜군과 한판 싸워
그렇게도 빛나던 젊은이
누구와 내통했다고 무고당하여
장독으로 에서 죽었다

죽기에 앞서 어찌 시조 한 가락 없을쏜가
춘산에 불이 나니 못다 핀 꽃 다 불붙는다
저 뫼저 불을 끌 물이나 있거니와
이 몸에 내 없는 불 일어나니
끌 물 없어 하노라
그 젊은이 전설에 실려
죽은 뒤
살아나
갈재에도 나타나고
광산들 나타났다

그런 시절 지나
내일도 내일모레도
무등산 밑
그 시퍼런 넋의 고장 빛고을 부디 환하거라

취가정은 광주광역시 북구 충효동 성안마을 뒷산에 자리하고 있다.

여행 길잡이

그 맺힌 한은 언제나 풀어질까, 취가정

이마적까지 전라도 근동 사람들은 김덕령 장군을 '덕령이'라고 불렀다. 1596년, 29살의 나이로 억울하게 역적 누명을 쓰고 매를 맞아 죽어간 의병대장을, 장군이라 칭송하는 것도 서러운데, 그냥 내 친구인 양 부르는 덕령이라니. 이런 호명에는 비운의 대명사 아기장수의 설화에 깃든 김덕령에 대한 오마주를 자연스레 떠올리게 한다.

태어날 적부터 범상해 사람의 힘보다는 영물의 힘으로 성장하고, 그 하는 짓이 일반인과 달라 대범하고, 날렵하고, 신출귀몰하여 대중들은 그를 존중하면서도 약간은 두려워하는 존재인 아기장수. 풍전등화 같은 조국의 위기에 양성해온 병사들과 함께 누란의 위기를 극복하려 하지만 끝내 뜻을 이루지 못하고 무참히 죽어가는 아기장수. 서남해안을 따라 형성된 아기장수의 이야기는 어쩌면 그렇게 김덕령 장군에게 척척 달라붙는지 소름이 끼칠 정도다.

전남대학교의 나경수 교수는 김덕령 장군과 관련한 전설만 96개라고 발표했다. 한 사람의 행적을 두고 이렇게 많은 이야기가 생성된 것을 보면, 김덕령은 죽었지만 그 영혼은 살아 있어 백성들의 입에 그의 이야기가 쉼 없이 오르내린 것을 알 수 있다.

중국 풍수쟁이가 발견한 회룡고조혈(回龍顧祖穴)의 땅에 장군의 할아버지가 묘지를 잡으면서부터 장차 비운의 장수가 태어날 것을 예감케 했다는 이야기, 옥 안에서 사지가 묶였음에도 들보에 앉아 있었다는 죽음 직전의 이야기, 그리고 1974년 378년 만에 묘를 이장하느라 관을 열었을 때 살아 있는 사람이 누워 있는 듯 형형히 빛나는 눈빛과 육신의 형태가 그대로였으며, 옷가지 또한 변하지 않고 그대로였다는 이야기, 그뿐인가.

국란을 대비해 의병을 조련하고, 병장기를 만들고, 자신만의 말을 길들인 이야기, 상중에 조국을 구하기 위해 의병으로 나설 때 무등산의 주검동에서 만든 칼로 바위를 내리치자 바위가 벌어졌다는 시검바위 이야기, 고려말의 명장 정지장군의 갑옷을 입고 출정의 제를 올리자 차고 있던 칼이 세 번이나 스르르 내려가고 온 하늘에 운무가 끼었다는 이야기 등등.

출병한 장군에게 날개 달린 호랑이라는 뜻의 익호 장군의 이름을 부여하며 독려했던 조정, 그에 보란 듯 장군은 가는 곳마다 파죽지세로 왜적의 기세를 눌러 장군 군영의 깃발만 보아도 왜적들이 벌벌 떨며 도망가게 했다. 하지만 26살에 기병하여 29살이 된 장군은 이몽학의 반란에 연루되었다는 무고를 당해 조정으로 끌

　려가 고문과 매질로 생을 달리하고 말았다. 이후 양대 호란이 일어나서 삼천리강산이 피로 물들 때마다 사람들은 김덕령 장군을 떠올렸던 것이다.

　조선말기인 1890년, 왜적들은 다시 우리 국토와 민족을 유린했다. 이에 왜적의 간담을 서늘하게 했던 김덕령 장군을 다시 모셔 서로에게 경각심을 일으키고자 하는 후손이 있었다. 김만식과 김희문이었다. 장군이 태어나고 성장한 '석저촌'은 정조대왕의 명으로 '충효리'가 되고 김덕홍, 김덕령, 김덕보 3형제와 김덕령의 부인 흥양이씨가 정려되었지만, 김만식과 김희문은 후세를 위해 이곳 무등산이 바라보이고 원효계곡의 물굽이가 휘돌아가는 언덕 위에 취가정을 짓게 된 것이다.

중추부사 송근수가 쓴 기문에 보면 "장군이 이미 무목의 원한을 품고 죽었으니 그 충혼이 마땅히 맺혀서 산하처럼 장할 것이오, 분발하면 바람 벼락같은 위엄이 있을지니. 지금 조제날치(이마에 무늬를 새기고 이에 칠을 하는 왜놈)한 무리가 나라 안을 맘대로 돌아다니는 것을 보고 장군의 신령이 이것을 알면 대마도를 짓밟아 주고 강호(동경)까지 두들겨 부숴주고 싶은 기운과 의분심이 있으리라"라고 적고 있다. 이렇듯 김덕령 장군을 추모하고 왜적을 향한 항일의식을 심고자 건립되었던 취가정은 그 발아래 평무뜰이라는 너른 평야와 기운차게 자라는 소나무와 지친 마음을 시원하게 풀어주는 바람 잘 드는 언덕에 자리하고 있다.

여행팁

취가정은 소쇄원과 식영정 사이의 중간지점 원효계곡의 물을 가로질러야 하는 언덕에 있어 자세히 보아야 눈에 들어온다. 정자는 소담하면서도 기운차게 얹혀 있다. 소나무와 상수리나무, 느티나무 사이로 들어오는 무등산의 정상을 보는 눈맛이 개운하며, 주련에 걸려 있는 장군의 품성과 담대함을 되새겨 보면 그 못다 한 충성이 하늘을 뚫고도 남는다는 것을 느낄 수 있다.

풍암정楓岩亭

풍암정
楓岩亭

　누정을 찾는 길은 언제나 두 가지다. 통이거나 불통이거나. 풍암정은 그 두 가지의 길을 모두 가졌다. 담양군 한국가사문학관에서 무등산 방면으로 길을 잡아 오르거나 광주호 방향으로 무등산을 따라 내려오다 보면 원효계곡 입구가 보인다. 그리고 마치 이정표처럼 분청사기 전시관이 서 있다. 그 옆길, 양쪽으로 늘어선 단풍나무가 벌써 '풍암'의 분위기를 안겨 준다. 상상과 달리 잘 포장된 도로 덕분일까, 풍암정으로 찾아가는 길 내내 마음만은 평온하다.
　얼마나 걸었을까, 산 가운데 제법 널따란 저수지가 눈앞에 펼쳐진다. 풍암제라 불리는 곳이다. 그 시원함도 잠시, 답답하리만치 아직 풍암정은 쉽게 제 모습을 보여주지 않는다. 그럴 땐 나 자신을 잊는 것도 좋다. 그래도 좋을 만큼 그 길은 온전히 나의 길이 되는 경험을 선사하기 때문이다. 흔하디흔한 산자락 오솔길과 저수지가 낯선 경치로 다가서는 순간이 되기도 한다. 여기서부터 무등산 제철유적지까지 가는 길을 '무등산 의병길'이라고 부르기도 한다.

풍암, 붉은빛의 슬픔

광주광역시 문화재자료 제15호로 지정된 풍암정은 충효동 무등산 원효계곡의 하류에 자리 잡고 있다. 충장공 김덕령의 아우 풍암(楓岩) 김덕보(金德普, 1571~1627)가 1610년대에 경영했던 누정이다. 주변에 헤아릴 수 없이 많은 기암괴석이 놓여 있고, 그 사이에 백여 그루의 단풍나무가 시내 쪽으로 그 모습을 드러내고 있어서 풍암(楓岩)이라는 이름이 붙게 되었다.

풍암 김덕보는 그의 형들이었던 덕홍, 덕령과 더불어 의병장으로 활약했던 인물이다. 자는 자룡(子龍)이라 하였고, 풍암은 그의 호이다. 임진왜란이 일어나자 그는 당시 담양부사였던 이경린(李景麟), 그리고 장성현감이었던 이귀(李貴)의 권고로 형들과 함께 의병을 모집하여 왜군을 격퇴하였다. 그러는 와중에 덕홍이 전사하고, 덕령이 무고로 옥사하게 되자 세상을 등지게 되었다.

그런 까닭에 남은 아픔과 슬픔이 너무나 컸다. 그래서인지 정상철 기자는 풍암정을 두고 '밖에서 안을 보는 정자'라고 했다. 그리고 풍암 김덕보의 일생은 슬픔을 곁에 두고, 슬픔과 함께 걸어가는 삶이라고도 했다. 그의 형 김덕령과 아픈 가족사를 염두에 둔 까닭이다. 다음은 그가 묘사한 슬픔의 정체이다.

1596년 8월, 김덕보는 하늘이 무너지는 급토를 듣는다. 의병장이었던 형이 역적으로 몰려 의금부로 압송됐다는 전언이었다. 김덕보는 급하게 행장을 꾸려 한양으로 향했다. 그는 밤낮을 가리지 않고 걸음을 재촉했

다. 자기가 아는 형은 임금을 등지고, 역모를 모사할 인물이 아니었다. 형은 말이 단정했고, 행동이 바른 사람이었다.

의금부 앞에서 김덕보는 오래 기다렸다. 형에 대한 추국은 엿새 동안 계속됐다. 그는 형이 살아서 의금부를 걸어 나올 것으로 믿었다. 한양에서 그가 수집한 정보에 의하면 형이 역모 집단과 동조했다는 살아 있는 증거는 없었다. 다만 몇 사람의 고변이 있었을 뿐인데, 사건의 앞뒤를 면밀히 따져 보면 무죄 방면이 너무 당연했다.

지난해(1595년)에도 형은 옥에 갇힌 적이 있었다. 군율을 어긴 윤근수의 종을 몹시 때렸는데 그만 죽고 말았다. 형은 살인죄로 체포돼 진주옥에 갇혔다. 그때도 형은 4개월 만에 옥에서 살아나왔다. 죄가 없으니 이번에도 그때처럼 살아나올 것이다.

그러나 김덕보는 겁이 났다. 꼭 죄가 있어서 사람이 죽는 것은 아니다. 반드시 모반을 일으켜야만 역적인 것은 아니다. 임금이 역적으로 결정하고 나면 세상의 그 어떤 충신도 역적이 된다. 권력은 자기 필요에 의해 언제든 무고한 역적을 만든다.

의금부 앞에서 뜬눈으로 지새운 낮밤이 며칠, 시간은 속절없이 지나갔다.

1596년 8월 21일, 마침내 추국이 끝나고 단단하게 닫혀 있던 의금부의 문이 열렸다. 형은 의금부를 살아서 걸어 나오지 못했다. 싸늘하게 식은 시체로 들것에 실려 나왔다. 눈물도 흐르지 않았다. 도통 형의 죽음이 믿어지지 않았다. 형에게 죄가 있다면 그것은 목숨이 끊어지기 직전의 나라를 살리려 한 것밖에 없다. 백성을 버리고 의주까지 도망갔던 임금은 형을 죽일 자격이 없었다. 명백히 형의 죽음은 억울했다. 김덕보의 나이 26세 때의 일이다. 형은 김덕보보다 3살이 많았다.

김덕보는 형의 시신을 거뒀다. 여섯 번의 추국으로 다리 살점이 떨어져 나가고, 정강이뼈가 부서진 형의 시신을 거적으로 덮었다. 급하게 수레를 구해 형의 시신을 옮겨 실었다. 그는 광주를 향해 남으로 걸었다. 세상의 몰염치가 그는 믿어지지 않았다. 김덕보는 무작정 남으로 걸었다. 의식이 살아 있는 것은 수레를 잡아끄는 그의 손밖에 없었다. 10일을 걸어 9월초 광주 '석저촌'에 도착했다. 그렇게 형의 장례를 지냈다.

김덕보의 형은 의병의 총수, 김덕령 장군이다. 김덕보는 형의 죽음을 인정하고 싶지 않았다. 형을 무참하게 죽인 임금과 세상을 인정하고 싶지 않았다. 그는 몸을 숨겼다. 철저한 은둔이었다. 화순과 지리산 자락을 거쳐 그가 고향으로 돌아온 것은 전쟁이 끝나고도 한참이 지난 1602년이었다. 그는 풍암정을 짓고 거기 마음을 기댔다.

그런 사연을 품어서일까. 기암괴석과 울긋불긋한 단풍 사이 조그마한 틈을 비집고 서 있는 풍암정은 그래서 더욱 애처롭다. 그러나 정작 주인은 마음 한편에 그 까닭을 깊숙이 삭혀두고, 조용히 마음 밖을 마음대로 읊었는지도 모를 일이다. 다음은 그의 노래 「마음가는대로[만영(漫詠)]」이다.

만년에 단풍나무 언덕 위 몇 칸 집 일으키니	晚結楓崖屋數間
오래된 바위 큰 대나무 앞뒤를 둘렀구나	岩前脩竹後重巒

빛을 향한 처마 창문 겨울에도 따뜻하고	向陽簷牖三冬煖
물을 향한 정자 난간 여름에는 시원하다	臨水亭臺九夏寒
귀한 약을 구하려고 신선 따라 땅을 파고	靈藥每從仙侶斲
좋은 책을 빌려다가 사람들과 함께 읽네	好書時借野人看
편안한 이 땅 위에 이 몸을 깃들이니	捿身自有安間地
무엇하러 바다 밖 봉호산을 찾으리오	何用蓬壺海外山

은일, 통 큰 소통

누정의 기본 기능 중의 하나가 바로 은일(隱逸)이다. 은일은 불통에 대한 소통의 염원이자 염원 행위 방식이다. 앞서 말했지만, 이 불통은 다분히 인위적인 것이었다. 몸담은 세상과의 인위적인 관계망 속에서 형성된 불통을, 거기에서 발을 뺌으로써 새롭게 맞이하는 세계와의 합일을 이루는 행위인 것이다. 이런 세계에서 불통은 애초에 존재하지도 않는다. 소통의 대상은 인위적인 것이나 사람이 아닌 자연물, 나아가 세상을 주재하는 세계 그 자체가 되기 때문이다.

그러므로 은일은 곧 '통(通) 큰 소통'에 다름 아니게 된다. 그런 까닭에 무엇보다도 중요한 것은 누정 주인이 품었던 은일의 동기가 된다. 이런 경우 대부분 충(忠)이라고 할 수 있다. 사대부로서 지녀야 할 당연 가치였던 충. 그래서 숨기느냐 드러내느냐에 따라 은일은 소극적이거나 적극적인 행위 양상으로 나타나게 된다.

당시 사화당쟁(士禍黨爭)으로 말미암아 위축된 선비들은 처사도

(處士道)를 근간으로 한 은일사상(隱逸思想), 혹은 그에 대한 욕망을 숨기지 않았다. 대의에 벗어날 때에는 초야로 돌아가 묻혀 버리는 소극적 저항의 한 방식이라고도 할 수 있다. 유교적 충군애국이 이루어지지 않음으로 해서 생겨나는 비분을 풍월(風月)을 벗삼아 벗어나고자 했던 것이다. 풍암은 그렇게 탄생했다.

  소극적 은일에서는 세상에 대한 지향점이 명확하지 않다. 다소 폐쇄적인 느낌을 갖기도 한다. 하지만 무언가로부터 달아나 완전히 숨어드는 '은둔(隱遁)'과는 다르다. 그래서 주인이 가졌던 정신만은 그대로 남아 그 흔적인 누정과 함께 새로운 소통의 시작점이 되기도 한다. 풍암정은 폐쇄적일 수도 있지만 새로운 소통의 시작점이었다고 할 수 있다. 그래서인지 풍암정은 그 근처에 이르러서도 제 모습을 선뜻 보여주지 않는다.

풍암승경

  여하튼 풍암정은 여전히 제 모습을 보여주는 데 인색하기 그지없다. 주인을 닮아서일까. 조금 더 걸어가야 하는 수고로움이 필요하지만, 그저 길 따라 풀잎 따며 걸어가다 보면 저절로 닿게 되는 곳이 바로 풍암정이다. 기암괴석들 사이에 비치는 계곡물의 반짝거림, 그 사이 우뚝 서 있어 마치 손님을 맞듯 반겨주는 노송들도 어느새 절로 눈에 담긴다.

  계곡물 사이 제멋대로 놓여 있는 돌들을 징검다리 삼아 건너면 비로소 풍암정에 오르는 조그마한 돌계단이 보인다. 몇 걸음 오르

풍암정은 도리 주춧돌, 도리 기둥에 골기와 팔작지붕으로 정면 3칸, 측면 2칸으로 되어 있다. 정자 밖 커다란 바위 한편에는 아직도 '풍암'이라는 글자 새겨져 있어 새삼 그 경치를 되새기게 한다.

다 고개를 들면 '풍암정사'라는 현판이 한눈에 들어온다. 오르는 길에서는 바로 보이는 현판이지만, 건물 자체로 보자면 정면이 아닌 측면에 걸려 있다는 게 흥미롭다. 대청마루에 앉아 조용히 둘러보다 이윽고 내실에 주목한다.

어둡다. 어둑한 저편 벽 언저리에 조그마한 창 하나가 겨우 형태를 알아볼 만하다. 인근 식영정도 그랬고, 환벽당도 그러했듯 사방 곳곳에 놓여 있던 문 같은 것은 거의 보이지 않는다. 그런데도 그는 자신의 풍암정을 두고 "빛을 향한 처마 겨울에도 따뜻하고/물을 향한 정자 난간 여름에는 시원하다/귀한 약을 구하려고 신선 따라 땅을 파고/좋은 책을 빌려다가 사람들과 함께 읽네" "무엇하러 바다 밖 봉호산을 찾으리오"라고 노래했다. 물론 태평성대였다면 이곳이 혹 무릉도원이 아니었을까.

지금 이곳엔 계절 따라 수많은 야생화가 피고 지며, 특히 단풍 다 진 겨울엔 겨울만의 눈꽃이 장관을 이룬다. 봄에는 야생화의 자태에 취하고, 여름엔 찔레꽃의 향기에 취한다. 가을엔 단풍 따라 물과 함께 가는 대로 흘러가고, 겨울엔 눈꽃 모아 앉히고 속삭이면 그만일 뿐, 특별한 목적을 가질 필요가 없는 곳이 바로 이곳 풍암정이다.

풍암의 연원과 「풍암기」

송강 정철의 넷째 아들인 정홍명은 이곳 승경을 두고 「풍암기」를 지었다. 지금 나로선 도저히 찾아볼 수도 즐겨볼 수도 없는 경지를 말하고 있는 바, 그의 글을 조금 고쳐 여기에 몇 대목 적어 놓는 것으로 대신한다. 첨언하자면, 이 글에는 무등산에 대한 언급도 첫머리에 조금 보인다. 서석산(무등산)이 호남에서 가장 웅장하다고 말하는 것은 수석(水石)이 기이하고 많은 까닭이라고 하여, 벌써부터 풍암의 수석이 예사롭지 않을 것임을 시사한다.

풍암의 연원

어떤 이가 풍암은 이곳으로부터 몇 리 안 도는 거리인데 거처할 만한 조그만 감실이 있다고 말했다. 내가 너무 기뻐서 말을 달려 감실에 이르니 과연 외진 곳에 그윽하고 고요한 정취가 있었다. 매양 밥 먹기를 마치면 함께 거처하는 두세 사람과 함께 바위 아래를 소요하다가 '풍암'이란 이름을 얻게 된 까닭을 궁구해 보았다. 바위의 위아래를 끼고 단풍나무 백여 그루가 있었는데 시내와 못에 빙 둘러서 비치니 바야흐로 가을 서리 맞은 잎이 물에 잠겨 물빛을 물들인 듯하였다.

풍암의 계절

시냇물은 매우 사나웠는데 또 많은 돌 때문에 물의 흐름이 돌고 얽혀 그 소리가 우레와 같으니 무서워할 만했다. 장마로 물이 불면 물살이 거세어 골짜기의 벼랑이 파였고 물가에 다니는 자는 귀가 서로 막혀서 상대방 말을 알아듣지 못하니, 이 때문에 여름날에는 사람들이 거처하기 싫어하였다. 내가 찾아온 때는 마침 추운 때여서 믈이 줄어 바위 자태가 그대로 드러나 그 참 모습을 잘 볼 수 있었다.

풍암의 노송과 광석

감실로부터 몇 걸음만 지나 흐르는 물 사이의 돌을 딛고 건너면 바위틈에 소나무가 있는데 높이는 한 장 남짓하고 그 뿌리는 베고 잘 만하게 드러나 있었으며 가지와 잎은 수면을 어름어름 덮고 있었다. 바위의 모양은 넓고 평평하여 십여 명이 벌려 앉을 수 있었다. 그 아래에는 물이 고여 고기를 잡을 만한 못이 만들어져 있고, 못을 경유해 내려간 물은 더욱 맑고 돌은 더욱 기이하였다. 높이 오르면 터를 잡고 놀 만한 평평한 정상이 있고, 그 모습이 깎아지른 듯이 험준하여 우러러 보기만 하고 오를 수 없는 곳도 있었다.

풍암 괴석

기댈 만한 안석 같은 것, 음식을 늘어놓을 만한 쟁반 같은 것, 웅덩이 같아 술잔을 띄울 만한 것, 바둑판같아 바둑알을 튕길 만한 곳 등등 거의 만 가지 형상을 하고 있었다. 물가 모래는 반드시 부드럽고 나무는 반드시 그늘을 드리우니 곳곳의 경색이 각각 다르다. 이것을 얻으면 저것을 잃고 새로운 것을 보게 되면 옛것을 잃어버리니 가히 한두 마디로 말로는 다 설명할 수가 없었다.

풍암 승경

무릇 10여 일을 머물면서 나가 놀지 않은 때가 없었고, 놀 때마다 반드시 기이한 모습을 보았다. 아, 승경(勝景) 중의 승경이었다. 내가 서석의 모든 승경을 두루 돌아보지는 못했지만 이곳의 위로부터 산허리까지 이

른바 이름 있는 사찰은 대개 한두 번은 유람했었다. 그러나 수석이 이곳의 심원함에 미칠 만한 곳이 없고, 또 마을의 촌락으로부터 몇 리 밖에 떨어지지 않았는데 이런 승경이 있는 것이 괴이하였다. 옛날에는 알려져 있지 않았던 것이 지금에 드러나는 것은 거의 우연이 아니니 이것 또한 만나는 바가 있어서 이루어진 것이리라. 아, 땅도 또한 만나는 바가 있어서 이루어지게 된 것인가?

지금은 옆 사람의 소리를 알아듣지 못할 만큼 그런 사나운 물소리를 만나기는 쉽지 않다. 물길이 없어져서가 아니라 세월의 흐름만큼 그 물길이 닳아서일 까닭이다. 그럼에도 마치 환벽당 앞 조대, 창계천의 백사장, 소쇄원의 광석 같은 물상들을 한곳에 모아놓았다고나 할까? 마루에 앉아 조용히 눈을 감으면 무거웠던 마음은 잠시 사라지고 이내 무릉도원이 된다.

사실 풍암정은 처음부터 지금의 모습은 아닌 듯하다. 「풍암기」에 나오는 감실(龕室)을 지금의 누정 형태로 보기에는 조금 무리가 있기 때문이다. 그럼에도 김덕보가 처음부터 이곳을 경영했다는 사실만은 변함이 없을 것이다. 정홍명이 말한 대로, "처음 이 땅을 얻어 조그만 감실을 지은 사람은 광주 김씨로, 자는 자룡(子龍)"이기 때문이다.

풍암의 인연들

김덕보는 1627년(인조 5년) 정묘호란이 일어나자 안방준(安邦俊, 1573~1654)과 함께 의병을 일으켰으나 나이가 많았던 탓에 전장에는 나가지 못하였다. 그리고 의병에 관한 모든 일은 안방준에게 맡기고 자신은 생을 마감하게 된다. 풍암정과 안방준의 인연 또한 주목할 수밖에 없는 이유이다.

안방준은 걸출한 호남의 선비였다. 평소 학문에 전념하면서 정묘·병자호란 등 국난을 당할 때마다 의병을 일으켰다. 그가 특히 주목받는 까닭은 임진왜란과 정유재란을 겪으면서 김천일 장군 등 여러 의장들이 진주성을 지키다 순절한 내막을 적은 『진주서사(晉州敍事)』, 조헌의 소장과 격문 등을 모은 『항의신편(抗義新編)』을 비롯하여 『호남의록(湖南義錄)』, 『임정충절사적(壬丁忠節事蹟)』, 『삼원기사(三寃記事)』 등 전란 관계 사실을 기록으로 남겼기 때문이다.

훗날 안방준은 보성군 우산에서 화순군 이양으로 거처를 옮기고 정사를 지었다. 이때 포은 정몽주와 중봉 조헌의 절의를 숭상하여 이들의 호를 한 자씩 빌어 '은봉정사(隱峰精舍)'라 하였고, 이를 자신의 호로 삼기도 하였다. 당시 서인들과 친교가 깊어 서인 집권 아래에서는 호남지방을 대표하는 학자로 조정에 거듭 천거되기도 하였다.

풍암정에 시를 남긴 만덕(晩德) 김대기(1557~1631) 또한 그 즈음의 인물이다. 본관은 광산(光山)이다. 전라남도 담양군 대곡면

마루에 앉아 조용히 눈을 감으면 무거웠던 마음은
잠시 사라지고 이내 무릉도원이 된다.

대산촌에서 출생하였다. 김덕보와는 나이 차이가 조금 있는, 그렇지만 막역한 친구 사이였던 것으로 짐작된다. 송강 정철의 문하에 들어가 수학하였으며 정홍명 형제, 소쇄공 양산보의 아들인 양자징 등과 교유하였다. 정철로부터 남중제일류(南中第一類), 즉 남쪽에서 제일가는 선비라는 칭송을 듣기도 하였다. 말년에 정묘호란이 일어나자 영광(靈光)에 의창(義倉)을 설치하며 의병을 일으키기도 하였다. 다음은 그가 지은 「풍암을 떠나면서[사풍암(謝楓岩)]」라는 시이다.

나는 늙고 그대 또한 병이 들어	我衰君亦病
지팡이 부여잡고 억지로 찾아왔네	扶杖强來尋
문에 다다랐으나 모습은 볼 수 없고	臨門不得面
맑은 날 단풍만 숲을 이루네	白日晴楓林

무등산 의병길

현재 풍암제를 지나 풍암정을 거쳐 제철유적지에 이르는 약 3.5km의 등산길을 '무등산 의병길' 이라고 부르고 있다. 의병활동 당시 선조들이 이용해왔던 그 길들을 복원하여 문화탐방코스로 재현해 놓은 것이다. 풍암의 인연들도 이 길을 디뎠으리라. 그 자취를 명확히 찾을 수는 없지만 그 정신들만은 충분히 더듬을 수 있을 것이다. 오가며 보지 못한들 무슨 상관이겠는가, 언제나 그곳에 있어 변치 않으면 그뿐인 것을.

　풍암정은 도리 주춧돌, 도리 기둥에 골기와 팔작지붕으로 정면 3칸, 측면 2칸으로 되어 있다. 중앙에 거실을 두고 좌우 양쪽에는 판자로 마루를 깔았다. 정자 안에는 '풍암정사'라는 커다란 현판도 걸려 있다. 비록 세상에 대한 뜻을 접고 이곳에 은거하였던 김덕보였지만, 이 지역의 큰 선비로서 지역 문사들과의 교유에는 온 정성을 쏟았던 것으로 보인다. 우산 안방준, 석천 임억령, 제봉 고경명 등의 시가 걸려 있다. 또 기암 정홍명의 「풍암기」가 있어서, 풍암정에 관련된 전후사정을 잘 살펴볼 수 있게 해주고 있다.

　정자 밖 커다란 바위 한편에는 아직도 '풍암'이라는 글자 새겨져 있어 새삼 그 경치를 되새기게 한다. 다시 길을 나서는 지금, 붉

어서 아름다운 단풍이겠지만, 왠지 모를 슬픔으로 더 붉게 보여 외려 아프다. 갑자기 '춘산의 불이 나니~' 그 노래 속, 그 붉은 불빛이 단풍으로 다가서는 느낌이다.

에필로그 ; 모정

흔히 누정은 우리 전통문화가 살아 숨 쉬는 공간이라고들 한다. 그곳에는 풍류의 문화가 녹아 있기 때문이다. 수려한 경치가 있는 곳이면 어김없이 세워져 모든 이들이 쉬이 찾아 쉬어가게 하는 곳. 그곳에는 역사의 숱한 애환과 시인묵객들의 시정, 학문 강론의 열띤 자태가 은밀하게 숨어 있으며, 또한 향촌마을 선비들의 당면 현안에 대한 소박한 열의와 역사의 전환기 속 우국지사의 올곧은 기상이 곳곳에 묻어 있다고도 말한다.

그런데 마을 어귀 당산나무 곁에 서서 마을을 품고 사람들을 안아 그들의 희로애락을 살포시 다독여주는 그런 곳에도 누정은 서 있다. 그래서 그런 누정을 모정(母情) 같은 모정(茅亭)이라고 하는 것일까. 모정은 호남지역에서만 볼 수 있는 독특한 정자이다. 말 그대로 풀로 엮어 만든 정자라는 의미이다. 비교적 규모가 크고 기와지붕을 얹었던 누정과 여러모로 비교되기도 했던 그런 건축물이다. 그런 까닭에 선비들의 사랑방이 누정이라면 일꾼들의 사랑방은 모정이었다는 식으로 비교되기도 하였다.

시골 마을에 가면 으레 하나쯤 서 있는 누정은, 그래서 누정이 아니다. 엄밀히 말하자면 그렇다는 말이다. 그런 건축물은 대개 마을

공유의 옛 모정을 개조하면서 초가를 기와로 바꾸고, 규모도 넓힌 다음 거기에 새 이름을 붙인 경우가 대부분이기 때문이다. 그래서 이런 건축물은 대개 마을 한가운데 있거나, 마을 입구의 당산나무 곁에 자리한다. 주변의 경치나 지형 등에 상관하지 않는다.

  본디 모정에는 이름이 없었다. 현판이나 목각 등의 장식품도 없었다. 그래서 일면 초라한 듯 휑한 듯 그렇게 느껴지기도 한다. 그러나 그 초라함에는 따뜻함이 공존한다. 그 따뜻함은 물론 대화로부터 비롯한다. '통하다'로 가는 가장 일차적인 방식은 대화이리라. 사람은 누구나 모여 대화를 나누며 살아가기를 지향한다. 특히 같은 처지에 있는 사람들과의 대화는 그것 자체로 즐거움이요 따뜻함이다. 오늘날 누정은 우리에게 그런 존재가 되었다.

참고문헌

고은, 『만인보』, 창비, 1986.
김신중, 「전남의 누정제영(樓亭題詠) 연구-조선 후기의 연작제영(作題詠)을 중심으로」, 『호남문화연구』 24, 전남대학교 호남문화연구소, 1996.
김신중 외, 『누정-담양의 누정기행』, 담양문화원, 2008.
김신중·박영주 외, 『가사-담양의 가사기행』, 담양문화원, 2009.
김신중 외, 『화순누정기행』, 화순문화원, 2013.
노성태, 「민중의 영웅으로 되살아 난 비운의 의병장」, 〈전남일보〉, 2013. 7. 18.
박선홍, 『무등산』, 다지리, 2008.
유홍준, 「나의 문화유산 답사기 10」, 『사회평론』 92, 사회평론, 1992.
윤국병, 『조선시대문화』, 문운당, 2012.
전남대학교 호남학연구원, 『통하다-호남의 감성』, 전라도닷컴, 2011.
전라남도·전남대 호남문화연구소, 『전남향토문화백과사전』, 태학사, 2002.
정성천, 「'밖'에서 '안'을 보는 정자, 풍암정」, 〈광주드림〉, 2012. 11. 23.
최은숙, 「한국 정자원림에 관한 연구-무등산 지역을 중심으로」, 전남대학교 석사학위논문, 1988.

「무등산웹생태박물관」
「호남기록문화유산 홈페이지」
「위키백과사전」
「나무위키 홈페이지」

여행 길잡이

바위도 울먹이는 그곳
풍암정

 풍암정으로 가는 길은 충효동 도요지라는 사적지를 지나야 한다. 길 양편에 자란 단풍나무들로 마치 동굴 속을 걷는 듯하다. 풍암(楓岩)이 단풍나무와 바위를 뜻하니 지자체에서 단풍나무를 심은 것이다. 국립공원 무등산 분소가 나오고 기다란 제방 안에는 무등산 계곡의 물줄기가 명경지수처럼 맑다. 그 덕분에 투구바위라고 불리는 붉은 바위가 하늘에 우뚝하고 호수에도 갑옷처럼 번뜩이고 있다.
 범상치 않은 기운이 서려 있는 이곳을 무등산의 원효계곡이라고 부른다. 원효대사가 도를 닦으며 원효사를 창건했다고 하는데 그 맞은편에는 의상봉이 있다. 세기의 라이벌 같은 존재들의 설화가 무등산 계곡 양쪽에 얽혀 전해 내려온다. 백성의 편에서 누구나 부처가 될 수 있다며 불교의 대중화에 기여한 원효와 왕실과 국가의 안위에 중점을 둔 의상, 결국 남아 있는 것은 원효사라는 오래된 사찰이다.
 이런 역사는 무등산의 다른 이름에서도 찾을 수 있다. 조선을 개

국하기 위해 이성계가 각지의 산신들에게 허락을 구했다. 호남의 영산 무등산 산신에게도 치성을 드렸지만 끝내 허락하지 않았다. 어쩔 줄 몰라 하는 이성계에게 무학대사는 담양 삼인산의 허락을 받으라고 대안을 제시했고, 이성계는 결국 허락을 받아냈다. 그때부터 무등산은 왕명을 거역한 무정한 산이자 불복한 산이라는 뜻으로 '무정산', '불복산'으로 불렸다고 한다. 바른 길을 가고자 하는 정의와 백성과 함께하려는 애민의 정신이 무등산 설화에는 공존한다. 그러니 이 산천이 키운 사람들은 어떻겠는가.

원효계곡 아랫자락 석저촌에 김덕홍, 김덕령, 김덕보 3형제가 있었다. 이들 형제에게 불운이 찾아온 것은 임진왜란이었다. 난이 일어나자 나주의 김천일, 광주·담양의 제봉 고경명이 의병을 일으켰다. 막내인 김덕보를 남기고 두 형제는 전쟁터로 달려갔다. 파죽지세처럼 몰려드는 왜적들로 왕은 의주로 몽진을 했고, 왜적들은 호남을 향해 쳐들어오고 있었다. 삼엄한 전장에서 맏형 김덕홍은 어머니의 병구완을 이유로 김덕령을 고향으로 보낸다. 그리고 그는 금산싸움에서 순절했다. 비운은 겹쳐 어머니도 돌아가셨다. 상을 치르는 와중에 둘째형 김덕령은 조국을 먼저 구해야 한다는 담양부사와 장성현감, 해광 송제민 등의 권유로 상중임에도 의병을 구축한다.

작은 체구에 용력이 빼어난 김덕령은 각종 전투에서 승승장구하지만 명과 왜와의 협상으로 인해 전장에서 배제된다. 그러다 1596년 이몽학이 반란을 일으키자 이를 제어하려 군사를 움직였는데 오히려 동조하려 했다는 모함에 빠져 국문을 받고 결국 세상을 뜨고 만다. 1596년의 일이다.

충신의 가족이 순식간에 역적이 되어버린 상황, 여기에 설상가상으로 1597년 정유재란을 일으킨 왜적은 지난 전투에서 침공하지 못했던 호남을 가장 주요한 표적으로 삼아 이곳 원효계곡자락까지 몰려왔다. 김덕령의 부인 홍양이씨는 난을 피해 있다가 왜적에게 쫓기는 상황이 되자 추월산에서 그들을 꾸짖고 몸을 던져 순절했다.

기실 김덕보는 정유재란이 일어나기 전 겪은 참담한 아픔으로 현실과의 결별을 진행한다. 김덕령이 죽자 가솔을 이끌고 복천으로 들어가 은거하다가, 다시 지리산으로 옮겨 밭을 일구고 짚신을 삼고 자리도 짜면서 마치 품팔이꾼처럼 살았다. 정유재란이 일어나기 직전 그가 살았던 지리산 백운동으로 이순신이 찾아왔다. 1596년 5월 26일의 일이다.

"비가 쏟아져 말을 쉬게 했어도 엎어지고 자빠지면서 악양 이정란의 집에 도착했다. 문을 닫고 거절했다. 이정란의 집은 김덕령의 아우 김덕린(김덕보의 오기)이 빌려 입주하고 있다. 아들 열을 시켜 억지로 청하여 들어가 잤다."

『난중일기』의 이 기록은 백의종군하는 이순신이 10여 개월 전 역적으로 몰려 장살로 죽은 조선의병의 총수 김덕령의 동생과 신비롭게 만난 밤을 담고 있다. 매를 맞고 죽은 비정규군의 대장과 정규군 수군의 총사령관에서 모함을 받고 겨우 살아남은 이순신, 그리고 죽은 형들 때문에 고향을 등지고 숨어 사는 김덕보와의 만남이라니.

그렇게 지리산에 있다가 김덕보는 형수의 부음을 들었다. 두 형 모두 후사가 없었다. 전쟁이 끝나고도 한참 후인 1602년 그는 고향으로 돌아온다. 그리고 이곳 바위 울울하고 물소리 청명한 곳, 100여 그루의 단풍이 붉게 내리비치는 풍암에 두어 칸의 모옥을 지었으니 그것이 바로 풍암정이다.

그렇다고 김덕보가 매양 은거만을 택한 것은 아니다. '풍암정사'라는 현판에서 읽을 수 있듯 그는 후학들과 함께 공부에도 열성을 들였으며, 그런 김덕보에게 보성의 은봉 안방준은 내내 몸조심하라고 당부했다. 하지만 그는 1627년 정묘호란이 일어나자 다시 세상으로 나와 조국을 구하기 위해 의병을 일으켰다. 비록 연로하여 끝내 나아가지 못하고 안방준에게 후사를 맡기고 세상을 떠났지만 말이다. 그래서인지 풍암정에 서면 그렇게 커다란 바위도 울먹이고, 단풍잎과 전나무, 물결마저도 울음 짓는 듯하다.

여행팁
풍암정의 백미는 눈 쌓인 겨울날이 제격이다. 아무도 찾지 않는 계곡에 검은 기와와 붉은 마루와 푸른 소나무, 얼어붙은 물줄기 위에 하얀 눈이 쌓인 광경은 무등산 누정에서 가장 아름다운 풍경을 선물한다. 여름날에 찾는다면 서늘한 계곡에 발을 담그고 지그시 김덕보 3형제의 삶을 돌아보며 상념에 잠겨도 좋다. 늙은 고목들이 많이 사라졌지만 하늘을 뚫을 듯 서 있는 전나무와 이불 같은 소나무 그리고 물가를 향해 턱을 내밀고 있는 암반에 새겨진 '풍암'이라는 글씨를 함께 보아야 한다.

환벽당環碧堂·취가정醉歌亭·풍암정楓岩亭 현판

환벽당 두를 환環, 푸를 벽碧, 집 당堂

　환벽당(環碧堂)은 '푸르름으로 둘러져 있는 집'이라는 뜻이다. 사촌 김윤제(金允悌, 1501~1572)가 1551년경 창건하였다. 누정의 이름은 영천자(靈川子) 신잠(申潛, 1491~1554)이 지은 것으로 알려져 있다. 현판은 우암(尤庵) 송시열(宋時烈, 1607~1689)의 글씨이다.

환벽당
環碧堂

연기는 저 구름 기운과 합쳐지고	烟氣兼雲氣
거문고 소리는 물소리에 섞여 있네	琴聲雜水聲
취한 채 석양 무렵 돌아오는데	斜陽乘醉返
물가 길에는 가마[1] 소리만 나는구나	沙路竹輿鳴
가랑비 숲 골짜기 씻고 지나니	微雨洗林壑
가마 타고 그냥 놀러 나갔다네	竹輿聊出遊
하늘 열리듯 구름은 흩어지고	天開雲去盡
골짜기 트인 듯 물은 세차게 흐르네	峽坼水橫流

백발은 천 가닥 눈처럼 흰데　　　　　　　白髮千莖雪
저 우거진 솔은 오월에도 푸르구나　　　　蒼松五月秋
개미굴² 같은 이곳 훌쩍 벗어나　　　　　 飄然蛻蟷穴
신선처럼 학³ 타고 영주에 놀리라　　　　 笙鶴戲瀛洲

분수에 만족하는 즐거움 얻으니⁴　　　　　自得顔瓢樂
관직을 바라는 마음도 없어진다네⁵　　　　無心羿鷇遊
소나무에 달이 떠 잠도 설친 터에　　　　 夢涼松月上
물과 구름 흐른 데⁶라 창도 젖었네　　　　窓濕水雲流
시골 술 맛없다 어이 꺼릴 거며　　　　　 村酒寧嫌薄
산밭에서 감히 풍년까지 바라리　　　　　 山田敢望秋
저 가랑비 속에 소 타고 다니며　　　　　 騎牛細雨裡
나의 풍류를 창주에 부쳐보리라⁷　　　　　吾道付滄洲

석천(石川) 임억령(林億齡)

石川 林億齡

단기 4283년 경인년(1950년) 음력 3월

檀紀四千二百八十三年庚寅暮春

불초 후손 태병(泰炳)⁸이 삼가 현판을 걸다

不肖後孫 泰炳謹揭

1 죽여(竹輿) : 대나무를 엮어서 만든 가마를 말한다.
2 개미굴 : 당(唐) 나라 때 순우분(淳于棼)이 자기 집 남쪽에 있는 괴화나무 밑에서 술에 취해 잠이 들었다. 꿈에 대괴안국(大槐安國) 임금의 소명을 받고 그곳에 가서 남가군(南柯郡)을 다스려 20년 동안 부귀를 누리다가 꿈을 깨어서 그 괴화나무 밑의 구멍을 보니 큰 개미 하나가 있는데 이것이 곧 그곳의 왕이었다. 또 남쪽 가지로 뚫린 구멍이 하나 있는데 이것은 곧 자신이 다스리던 남가군이었다는 고사에서 온 말로, 즉 부귀와 공명의 허무함을 비유한 말이다. 본 구는 현세의 부귀와 공명을 벗어남을 말한다.
3 생학(笙鶴) : 신선이 학을 타고 생황을 연주하는 것으로, 일반적으로 선학(仙鶴)을 뜻한다.
4 분수에 …… 얻으니 : 『논어』「옹야(雍也)」에 공자(孔子)가 안빈낙도(安貧樂道)하는 안연(顔淵)을 보고 "어질구나! 안회(顔回)여. 한 그릇의 밥과 한 그릇의 음료로 누추한 골목에서 사는 근심을 보통 사람들은 견뎌내지 못한다. 그런데 안회는 그 즐거움을 바꾸지 아니하니, 어질구나! 안회여"라고 하였다. 본 구는 부귀공명을 버리고 자연 속에서 은일자적하며 분수에 편안히 여기는 즐거움을 말한다.
5 관직에 …… 없어지는데 : 『장자』「덕충부(德充符)」에 "명사수인 예(羿)의 사정거리 안에서 노니는 자 가운데 그 한복판에 서 있는 자는 적중되기에 꼭 알맞다.[遊於羿之中 中央者中地也]"라는 말이 있다. 여기에서 유래하여 예구(羿彀)라는 말은 예의 화살이 미치는 범위란 뜻으로 형법(刑法)을 비유하는데, 여기서는 관직을 말한다. 본 구는 임억령이 관직생활에 마음이 없음을 나타낸다.
6 수운(水雲) : 물과 구름의 고향이라는 뜻의 수운향(水雲鄕)의 준말로, 은자(隱者)가 사는 청유(淸幽)한 곳을 가리킨다.
7 나의 …… 부쳐보리라 : 창주(滄洲)는 물가의 수려한 경치를 뜻하는 말인데, 남조 제(南朝齊)의 시인 사조(謝朓)가 선성 태수(宣城太守)로 나가서 창주의 정취를 마음껏 누렸던 고사가 유명하다. 두보(杜甫, 712~770)의 5언 율시 「강창(江漲)」에 강물이 불어난 정경을 읊은 것 가운데 "가벼운 돛은 가기에 편하고, 나의 도는 창주에 부치네.[輕帆好去便, 吾道付滄洲.]"라는 구절을 인용한 것이다. 『두소능시집 권10(杜少陵詩集 卷10)』
8 태병(泰炳) : 임태병(林泰炳, 1938~?). 초명(初名)은 병수(炳洙)이다. 『선산임씨족보(善山林氏族譜)』

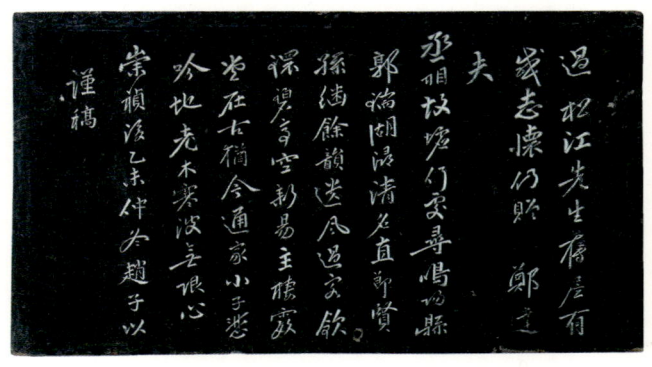

송강의 옛 집을 지나며 감회가 있어서 정달부에게 주다
過松江先生舊屋 有感志懷 仍贈 鄭達夫

승상의 옛터 어느 곳에서 찾을 수 있나
명양 고을 성곽 서석산 호수가 그곳이라네[9]
맑은 이름 곧은 절개 어진 자손 이어가고
남긴 시들 맑은 유풍 지나는 객이 읊조리네
환벽정은 텅 빈 채 주인 새로 바뀌었건만[10]
저 서하당 있는 건 예나 지금이나 여전하네
가까운 집안사람인 내가 쓸쓸히 읊조리니[11]
고목에 추위까지 그 마음 가눌 길 없어라

丞相故墟何處尋
鳴陽縣郭瑞湖潯
淸名直節賢孫繼
餘韻遺風過客吟
環碧亭空新易主
棲霞堂在古猶今
通家小子悲吟地
老木寒波無限心

숭정(崇禎) 후 을미년(1715년) 음력 11월 조자이(趙子以) 삼가 쓰다.

崇禎後乙未仲冬 趙子以謹稿

---

9 명양(鳴陽)은 창평(昌平)의 고호(古號)이며, 서호(瑞湖)는 환벽당 아래 창계천(蒼溪川)을 가리킨다.
10 환벽정은 …… 바뀌었건만 : 정철의 4대손 정수환(鄭守環)이 김윤제의 후손으로부터 사들여 현재 연일정씨 문중에서 관리하고 있다.
11 통가(通家) : 사우(師友) 간의 세의(世誼) 또는 인친(姻親) 간을 말한다.
12 조자이(趙子以) : 조상건(趙尙健, 1672~1721)을 가리킨다. 자이(子以)는 자로, 본관은 풍양(豊壤)이다. 아버지는 광보(光輔)이며, 어머니는 정태구(鄭泰耉)의 딸이다. 1716년(숙종 42년) 『가례원류』 문제로 송시열을 옹호하는 소를 올렸다가 관작을 삭탈당하고, 울산부로 유배되었으나 복직되었다.

취가정 취할 취醉, 노래할 가歌, 정자 정亭

'취하여 노래하는 정자'

　취가정(醉歌亭)은 1890년경 후손 김만식의 주도로 창건되었다. 누정의 이름은 석주 권필이 꿈속에서 김덕령 장군을 만나, 장군이 술이 취하여 '취시가(醉時歌)' 시를 읊었다는 내용에서 유래한다. 현판은 설주 송운회(宋運會) 선생의 글씨이다.

취시가
醉時歌

술에 취해 부른 노래 어느 누가 들을런가
꽃과 달을 즐겨함도 나의 소원 아니지만
높은 공을 수립함도 나의 바람 아니로다
공을 세운 그 업적도 구름처럼 사라지고
꽃과 달을 즐겨함도 뜬구름이로구나
술에 취해 부른 노래 어느 누가 알아줄까
다만 긴 칼 들고 일어서 임금 은혜 보답하리

충장공

장군은 지난 날 창과 칼을 잡았는데

장한 뜻 중도에서 꺾임이 운명은 아니리
지하의 영령은 끝없는 한이 서려
분명한 「취시가」 한곡을 부르는구나

　　　　　　　　　　　석주 권필

醉時歌 此曲無人聞

我不要醉花月

我不要樹功勳

樹功勳是浮雲

醉花月也是浮雲

醉時歌 此曲無人知

我心只願長劍報明君

忠壯公

將軍昔日把金戈

壯志中摧奈命何

地下英靈無限恨

分明一曲醉時歌

　　　　　　　　　　　石洲 權鞸

취가정을 세우고 느낌이 있어
創立醉歌亭有感

잔을 멈춘 슬픔 속에 이내 생각 길어지니	怊悵停盃我思長
안개비 속에 묻힌 다리 그 모습 희미하네	江橋煙雨正茫茫
말을 모는 봄 언덕에 신령한 채찍 끊어지고	春原馬去神鞭斷
용이 잠긴 가을 물에 한 칼날이 무뎌졌네	秋水龍沈一劍荒
옛날 유업 계승하여 한 정자를 일으키니	爲茸檐楹因舊業
이 마을의 새 모습이 한없이 빛나리라	從來閭里有新光
고기 잡는 어옹(漁翁)들이 당시 일을 알까마는	漁翁豈識當時事
홀로 빈 낚시터에 앉아 석양빛을 낚는다네	獨坐虛磯釣夕陽

후손 김만식 後孫 金晩植

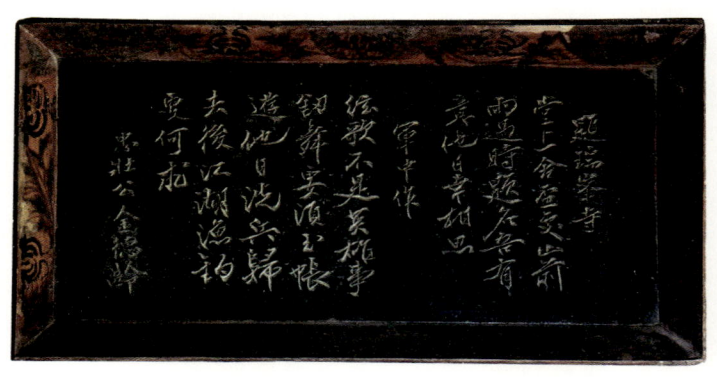

서봉사에 짓다[13]
題瑞峯寺

당 위에서 술잔을 머금은 곳	堂上含盃處
때 마침 산 앞에 비가 지나네	山前雨過時
이름을 적는 나의 뜻은	題名吾有意
훗날에 서로 생각하길 바라서지	他日幸相思

군중에서 짓다
軍中作

음악과 노래는 영웅의 일이 아니니   絃歌不是英雄事

칼춤이 옥장[14]의 놀이에 알맞다네　　　劍舞要正玉帳游

훗날에 병기를 씻고 돌아간다면　　　他日洗兵歸去後

강호에서 낚시질뿐 또 무엇을 구하랴　　江湖漁釣更何求

충장공 김덕령　忠壯公 金德齡

---

13 김덕령이 21세 때 서봉사에 찾아가서 법당의 벽 위에 이 시를 적어 두었다고 전한다.
14 옥장(玉帳)이란 전쟁 때 장수가 거처하는 장막이다.

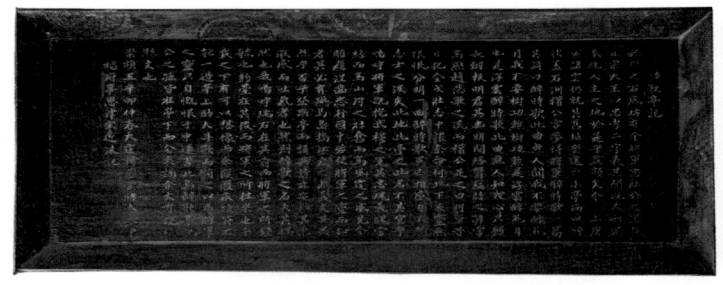

취가정기
醉歌亭記

광주의 석저방(石底坊)이라는 동네에 그의 호를 충장(忠壯)이라 하는 김장군(金將軍)의 마을이 있다. 우리 조정의 정종대왕(正宗大王)이 특별히 이 마을을 표하여 그 이름을 충효(忠孝)라 하였다. 이 때문에 오늘에 이르기까지 제향을 모시는 별도의 봉사인(奉祀人)을 정하여 김장군의 제사를 주관하게 하였다. 이로 인하여 이 마을의 이름이 더욱 드러나 온 세상의 칭송을 받게 되었다.

고종(高宗) 경인(庚寅)년인 1890년에 그의 여러 후손들이 옛날의 터를 다시 일궈 작은 정자를 짓고 그 이름을 취가(醉歌)라 하였다. '취가'라는 이 말은 취하여 노래한다는 뜻으로 이 정자의 이름을 그와 같이 한 이면에는 깊은 생각이 들어 있다. 옛날의 석주권공(石洲權公)이 그의 꿈결에 김덕령 장군의 모습을 보게 되었다. 이때 술에 만취한 장군이 비틀거리는 모습으로 나타나

술에 취해 부른 노래 어느 누가 들을런가
꽃과 달을 즐겨함도 나의 소원 아니지만
높은 공을 수립함도 나의 바람 아니로다
공을 세운 그 업적도 구름처럼 사라지고
꽃과 달을 즐겨함도 뜬구름이로구나
술에 취해 부른 노래 어느 누가 알아줄까
다만 긴 칼 들고 일어서 임금 은혜 보답하리

라는 한 편의 시가를 읊으며 그의 비장한 감회를 토로하였다. 살아있는 권필(權韠)과 김장군의 영혼이 서로 만나는 그 당시의 광경은 거의 연조비가(燕趙悲歌)[15]의 고사에 지지 않은 매우 비장한 기분이 감돌았을 것이다.

김장군의 이러한 시가를 들은 권공(權公)이 감격한 마음으로 만족감을 표시하며 "칼을 잡고 일어섰던 지난 옛날 장한 뜻이 / 중도에서 꺾였으나 운명인 것을 어찌하리. / 한이 서린 그 영혼이 지하에서 통곡하며 / 마음속의 그 울분을 술에 취해 읊었도다"라는 한 수의 시를 지어 그의 영혼을 위로하였다.

김장군과 권필의 이러한 다른 세상의 만남을 생각하면 저절로 지사의 눈물을 금할 수 없다. 이러한 점을 생각할 때 이 땅에 이 정

---

[15] 연조비가(燕趙悲歌) : 주(周)나라의 제후국(諸厚國)인 연(燕)나라와 춘추전국시대의 조(趙)나라 선비들이 고래(古來)로 나라를 근심하는 우국의 충성이 깊어 비분강개(悲憤慷慨)한 슬픈 노래를 읊은 것을 말한다.

자를 짓고 또 그 이름을 '취가'라 한 이의 일을 어찌 사리에 적합한 옳은 일이라 아니할 수 있겠는가? 공의 후손들이 모두 이 정자의 아래에 살고 있으며, 나를 찾아와 이 기문(記文)을 부탁한 사람은 만식(晩植), 희문(熙文) 두 사람이다.

숭정 다섯 번째 신묘년(1891년) 2월에 대광보국숭록대부(大匡輔國崇祿大夫) 중추부사(中樞府事) 은진(恩津) 송근수(宋近洙) 짓다

光州之石底坊 有金將軍忠壯公之裏 我正宗大王 以忠孝二字 表其閭 今又別定奉祀人 主之 地於是乎益顯矣 高宗庚寅 諸雲仍 就其舊址旁 建一小亭 扁以醉歌 蓋石洲權公 嘗夢得將軍醉時歌一篇 其詞曰 醉時歌 此曲無人聞 我不要醉花月 我不要樹功勳 樹功勳是浮雲 醉花月是浮雲 醉時歌此曲 無人知 我心只願長劍報明君 其幽明間蟠鬱蘊結之辭 當爲燕趙悲歌之流而權公 足之曰將軍 昔日把金戈 壯志中摧奈命何 地下英靈無限恨 分明一曲醉時歌 異世相感 自不禁志士之淚矣 此地此亭之此名 不其宜乎 公之孫 皆在亭下而今來謁餘文者 晩植熙文也

崇禎五 辛卯仲春 大匡輔國崇祿大夫
中樞府事息 宋近洙 記

풍암정사 단풍나무 풍楓, 바위 암巖, 자세할 정精, 집 사舍

풍암정사(楓巖精舍)는 바위와 단풍나무가 있는 정사(精舍)이다. 바위의 위아래를 끼고 단풍나무 백여 그루가 있었는데, 시내와 못에 빙 둘러서 비치니 바야흐로 가을 서리 맞은 잎이 물에 잠겨 물빛을 붉게 물들였다는 주변 풍경에서 비롯되었다. 「풍암기(楓巖記)」에 잘 나타나 있다.

마음대로 읊어 본다
謾詠

늘그막에 단풍 언덕에 지은 두어 칸 집
바위 앞엔 대숲이요 뒤엔 첩첩 산이로세
볕 좋은 창문이라 겨울날도 따스하고
물가의 높은 대는 더위에도 시원하네
영약은 매 번 좋은 벗들 따라 함께 캐고[16]
좋은 책은 가끔 선비들에게 빌려본다네
이내 몸 깃들기에 특별히 편안한 곳이라
바다 밖 봉래산이 무슨 소용 있으리오

晚結楓崖屋數間
巖前修竹後重巒
向陽簷牖三冬暖
臨水高臺九夏寒
靈藥每從仙侶斸
好書時借野人看
棲身別有安閒地
何用蓬壺海外山

풍암 楓巖[17]

16 영약은 …… 내고 : 후한(後漢) 때에 이응이 곽태(郭泰)와 함께 배를 타고 노니, 사람들이 신선의 짝이라 했다 한다. 『후한서 권98 고사전(後漢書 卷98 高士傳)』여기서는 좋은 벗들과 함께하는 모습을 형용하였다.
17 풍암(楓巖) : 김덕보(金德普, 1571~1627)의 호이다. 본관은 광산(光山), 자는 자룡(子龍)이다. 아버지는 붕섭(鵬燮)이며, 어머니는 남평박씨(南平朴氏)로 직장 계종(繼宗)의 딸이다. 형이 의병장 김덕령(金德齡)이고, 광주(光州) 석저촌(石底村)에 살았다.

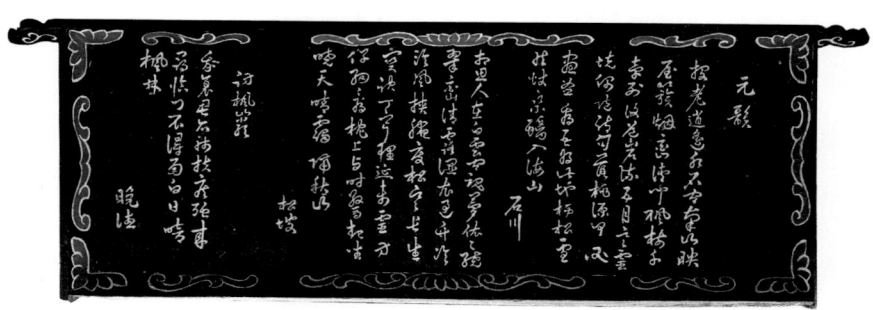

원운
元韻

늘그막에 물러나 수석 간에 소요하니　　　　投老逍遙水石間
남산의 안개 낀 봉우리 집 앞에 비치네　　　　南山映屋簇煙鬟
듣건대 단풍나무도 천 그루나 벌려 있고　　　　傳聞楓樹千章列
또 바위 흐르는 물은 오월에도 차갑다지　　　　復道岩流五月寒
좋은 경치에 따라 시구가 이루어지니　　　　　靈境偶隨詩句落
어찌 반드시 그림 속에서만 도원을 보랴　　　　桃源何必畫圖看
이곳 소나무에 눈 덮일 때까지 머물다가　　　　吾將此地棲松雪
그 후에야 용을 타고 해산으로 들어가리[18]　　然後乘螭入海山

　　　　　　　　　　　　　　　　　　　　　석천 石川

그리운 그대 흰 구름 사이에 있으니	相思人在白雲間
꿈에서나 아련히 그 푸른 산 맴도네	魂夢依依繞翠巒
이슬에 젖은 옷 대밭 지나니 서늘하고	淸露濕衣過竹冷
찬바람 맞으며 솔숲 건너니 추워지네	冷風挾腋度松寒
이게 오래 사는 비결임이 확실하니	長生寶訣丁寧理
수명 늘리는 묘한 법을 자세히 본다네	延壽靈方仔細看
가끔씩 자다 깨어 일어나 앉으려니	枕上與時驚起坐
새벽 맑은 안개가 가을 산을 가린다네	曉天晴靄隔秋山

송파 松坡[19]

풍암정을 방문하다
訪楓巖

나도 쇠약한데 그대 역시 병이 들어[20]	我衰君亦病
아픈 몸 이끌고 억지로 찾아왔네	扶疾强來尋
문에 이르러서 얼굴도 못 봤는데	臨門不得面
한낮에 단풍나무 숲만 그윽하더군	白日暗楓林

만덕 晩德[21]

18 다음에야 …… 들어가리 : 해산(海山)은 해중산(海中山)으로 신선이 사는 곳이다. 여기서는 임억령이 식영정에 2년을 머무르고 해남으로 돌아간 것으로 보아 고향 해남의 산을 표현한 것이다.
19 송파(松坡) : 조선 중기 문신 임식(林植, 1539~1589)의 호이다. 본관은 평택(平澤), 자는 숙무(叔茂)이다. 저서인 『송파유고(松坡遺稿)』에 이 시는 없지만, 풍암정 원운을 차운한 시 3수가 수록되어 있음을 미루어볼 때 풍암 김덕보와 교류가 있었다. 또한 임식의 이 시로 보아 풍암정은 1592년(壬辰) 이전에 건립 되었다는 사실도 유추할 수 있다.
20 병이란 산수(山水)를 좋아하는 병이 들어, 풍암정에 살고 있음을 비유한 것이다.
21 만덕(晚德): 김대기(金大器, 1557~1628)의 호로, 본관은 광산(光山), 자는 옥성(玉成)이다. 담양(潭陽) 출생으로 정철(鄭澈)의 문인이며 정홍명(鄭弘明) 형제 및 조홍립(曺弘立) 등과 교유하였다. 과거를 치르지 않다가, 인조반정 직후 서울에 올라가 올린 응지상소(應旨上疏)로 인하여 건원릉참봉(健元陵參奉)에 제수되었으나 취임하지 않았다. 저서로는 『만덕집』이 있다.

풍암정 운에 차운하다
次楓巖亭韻

나무는 더 푸르고 바위도 더 기묘하니	木益蒼蒼石益奇
그윽한 자태 이 같은 선경도 없을 거야	洞天無地不幽姿
우연히 매화 그림자 비낀 곳에 왔다가	偶來梅影橫斜處
한가하게 거꾸로 걸린 은하도 봤다오	閒看銀河倒掛時
외론 대나무 정자를 더하니 더욱 기이하고	孤竹添君更自奇
주변에 매화 있어 남다른 멋까지 있구나	玉妃傍侍有餘姿
수풀 건너 수천 봉우리에 떠 있는 달이	惜無林表千峯月
술잔 가득 비치지 않아 아쉽기만 하여라	照見山杯瀲灩時

제봉(霽峯) 고경명(高敬命) 짓다. 霽峯高敬命題

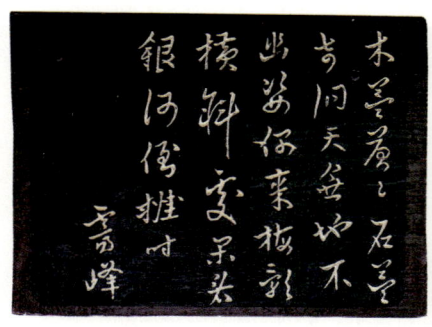

풍암정 운에 차운하다[22]
次楓巖亭韻

나무는 더 푸르고 바위도 더 기묘하니　　木益蒼蒼石益奇
그윽한 자태 이 같은 선경도 없을 거야　　洞天無地不幽姿
우연히 매화 그림자 비낀 곳에 왔다가　　偶來梅影橫斜處
한가하게 거꾸로 걸린 은하도 봤다오　　閑看銀河倒掛時

---

22 위 「차풍암정운(次楓巖亭韻)」의 첫 부분과 동일한 작품이다.

우산[23]에게 받들어 올리다
奉呈 牛山

고향에 남은 친구는 몇이나 될까	故里親朋問幾人
그대와는 조석으로 자주 만났지	與君朝暮往來頻
쉬는 날 평상에서 담소도 나눴는데	竹床暇日淸談會
타향 가을바람에 머리만 세었구나	關路秋風白髮新
변덕스런 속세의 정 관포에 창피하나[24]	雲雨世情羞管鮑
두터운 우리 우정 뇌진도 가소롭지[25]	漆膠心事笑雷陳
부탁하니 게으르고 병든 풍암자여	寄言懶病楓巖子
끝까지 기백 감추고[26] 수양하시게	終始韜光學養眞
시월인데 산중은 추위가 안 돌아와서	十月山中寒未迴
국화도 오히려 뜰에 만발하였구나	黃花猶自滿庭開

맑은 서리는 오래도록 시인의 구경이고 　　清霜久借騷人玩
탁주지만 어찌 손님 옴을 싫어할까 　　　白酒寧嫌佳客來
그저 무릉인[27]처럼 폐병으로 근심할 뿐 　只是茂陵愁病肺
술 못 마셨던 도령 같은 건 아니라네[28] 　不緣陶令止含杯
내일은 추풍이 세차게 불려는지 　　　　明朝捲地西風急
저녁 숲에 수런대는 소리만 애절하네 　　索索千林暮響哀

　　　　　　　　　　　　　　관해　觀海[29]

23 우산(牛山) : 조선 중기의 학자 안방준(安邦俊, 1573~1654)의 호이다. 본관은 죽산(竹山). 자는 사언(士彦)이다. 또 다른 호는 은봉(隱峰)이다.
24 변덕스런 … 창피하나 : 관포(管鮑)는 '管鮑之交(관포지교)'의 준말로, 춘추 시대 제나라 사람 관중(管仲)과 포숙아(鮑叔牙)의 사귐을 가리킨다. 변화무쌍한 구름과 비쳐럼 세상인심 또한 그러해서 시적 화자와 풍암(楓巖) 김덕보(金德普)가 나눈 정이 관중과 포숙의 우정에 못미쳐 부끄럽다는 말이다.
25 두터운 … 가소롭지 : 뇌진(雷陳)은 우정이 두터운 친구를 비유하는 말로 쓰인다. 동한(東漢) 시대의 뇌의(雷義)와 진중(陳重)은 같은 고을 사람으로 우정이 매우 돈독하였는데, 그 고을 사람들이, "아교풀이 견고하다지만 뇌씨와 진씨의 우정만은 못하다." 하였다.
26 기백 감추고 : 도광(韜光)은 자신의 지식과 포부를 숨기고 밖으로 드러내지 않는 것을 말한다.
27 무릉인(茂陵人) : 무릉 땅 사람을 첩으로 맞으려 했던 사마상여를 가리킨다. 시 주인공은 일찍부터 폐병을 앓았는데 결국 그 병으로 죽었다. 『사기(史記)』
28 술 …… 아니라네 : 가난해서 술 안먹는 게 아니라는 말이다. 도연명(陶淵明)의 『오류선생전(五柳先生傳)』에 "선생은 어떤 사람인가 …… 술을 좋아한 성질이었지만 집안이 가난하여 항상 마시지는 못했다."라고 하였다.
29 관해(觀海) : 임회(林檜, 1562~1624)의 호다. 본관은 평택(平澤). 자는 공직(公直)이다. 송강 정철의 문인이자 사위였다. 『선산임씨족보(善山林氏族譜)』

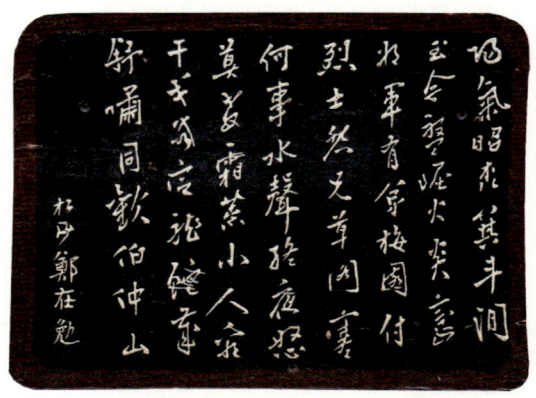

기성과 두성 사이 반짝이던 양기가[30]	陽氣昭森箕斗間
지금은 우뚝 서려 불타는 산과 같네	至今盤崛火炎巒
장군이 아우에게 매원을 부탁하였는데[31]	將軍有弟梅園付
열사인 형들 슬픔에 초당이 쓸쓸했겠지	烈士悲兄草閣寒
밤새 물소리가 세찼던 건 무슨 일일까	何事水聲終夜怒
소인들이 단풍을 못 보게 하려는 것일까	莫敎霜葉小人看
혹시나 임진년[32]에 난리를 평정했더라면	干戈或定龍蛇歲
형들과 시 읊으며 여기서 즐겼을 텐데[33]	舒嘯同歡伯仲山

송사 정재면 松沙 鄭在勉[34]

30 기두(箕斗) : 남기북두(南箕北斗)의 준말로, 남쪽의 기성(箕星)과 북쪽의 두성(斗星)은 서로 멀리 떨어져 있어 보통 거리가 멀리 떨어져 있는 상황을 비유하는 말이지만, 여기서는 "온 하늘"을 의미한다.
31 매원(梅園) : 매원이 어디에 있는지는 미상이다. 여기서는 고향에 있는 매화밭을 의미하는 것으로 번역하였다.
32 임진년(壬辰年) : 용사(龍蛇)는 임진왜란이 일어난 임진년을 말한다.
33 형들과 …… 텐데 : 서소(舒嘯)는 귀거래사(歸去來辭)의 한 구절 "동편 언덕에 올라 멋대로 휘바람 분다.[登東皐而舒嘯]"에서 출전한 것으로, 시를 읊으며 유유자적하다는 의미이다. 백중(伯仲)은 큰형 김덕홍(金德弘)과 작은형 김덕령(金德齡)을 가리킨다.
34 정재면(鄭在勉, 1757~1834) : 본관은 연일(延日), 호(號)는 송사(松沙)이며, 교리(校理) 복환(福煥)의 아들이다. 감사(監司)와 어사(御史)의 추천으로 참봉(參奉)을 지내고 정조(正祖) 22년에 왕명(王命)으로 경의(經義)조대(條對)를 지어 올려 홍재전서(弘齋全書)에 부록(附錄)했으나 등용(登庸)이 되기 전에 죽었다. 『연일정씨족보(延日鄭氏族譜)』

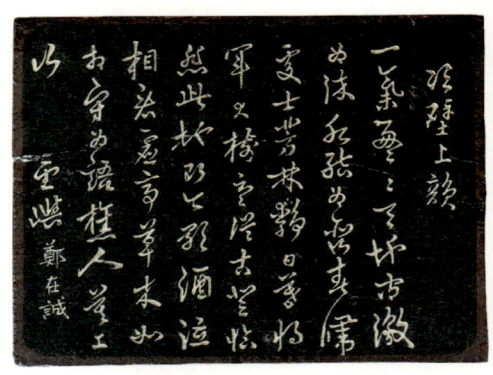

벽에 걸린 운에 차운하다
次壁上韻

한 기운이 하늘과 땅 사이 가득 차서	一氣盈盈天地間
격동하여 물이 되고 엉겨서 산이 되었네	激爲流水結爲巒
봄이 온 처사의 숲은 적막하기만 하고	春歸處士芳林靜
해 저문 장군의 유지는 쓸쓸도 하여라[35]	日暮將軍大樹寒
예부터 올라보면 서글펐던 이곳이라서	從古登臨悲此地
지금 취해 노래 부르고 흐느끼며 바라보네	卽今歌酒泣相看
풀과 나무만이 빈 정자를 서로 지키면서	虛亭草木如相守
나무꾼더러 이 산 오르지 말라 하네	爲語樵人莫上山

망서 정재성 望㠘 鄭在誠[36]

35 대수(大樹) : 후한(後漢)의 명장 풍이(馮異)가 전투를 승리로 끝낸 뒤에 여러 장수들이 서로들 공을 다투고 있는데도 혼자 나무 아래로 몸을 피하였으므로, 사람들이 '대수장군(大樹將軍)'이라고 일컬으며 칭송했다는 고사가 있다. 여기서는 장군의 유풍(遺風)을 기리는 풍암정을 가리킨다.
36 정재성(鄭在誠, 1760~1820) : 본관은 연일(延日), 자는 성지(誠之), 호는 송음(松陰)이다. 망서(望嶼)도 다른 호인 듯하다. 『연일정씨족보(延日鄭氏族譜)』

아득한 풍암정 세상에서 제일인데	亭臺絕世間縹緲
주렴 가득 푸른 산봉우리 늘어섰네	滿簾蒼翠列層巒
땅은 신이 보호해서 천년을 건재하고	地因神護千年在
영원(靈源)[37] 접한 물은 오월에도 차가워라	水接靈源五月寒
돌에 누운 사람 호로(壺蘆)[38]에 숨은 듯하고	枕石人如壺裏隱
수풀 너머 가을은 그림 보는 것 같아라	隔林秋似畫中看
남은 후손들 평천장[39]처럼 보존할 만하니	殘孫可保平泉宅
푸른 산 두른 풍광은 옛 모습 그대로라네	依舊風光繞碧山

후손 치복(致福)[40] 삼가 차운하다. 後孫致福謹次

37 영원(靈源) : 신비한 약수가 샘솟는다는 영원산. 여기서는 무등산을 가리킨다.
38 호로(壺蘆) : 별천지를 뜻한다. 호공(壺公)이란 신선이 저잣거리에서 약을 팔고 있었는데, 모두 그저 평범한 사람인 줄로만 알고 있었다. 하루는 비장방(費長房)이란 사람이 호공이 천정에 걸어 둔 호로 속으로 들어가는 것을 보고는 비범한 인물인 줄 알고 매일같이 정성껏 그를 시봉하였다. 하루는 호공이 그를 데리고 호로 속으로 들어갔는데, 호로 속은 완전히 별천지로 해와 달이 있고 선궁(仙宮)이 있었다 한다.
39 평천(平泉) : 여기는 풍암정을 가리킨다.
40 치복(致福) : 호는 지지당으로, 충장공 김덕령 후손이며, 1805년(순조)문과에 급제하였다.

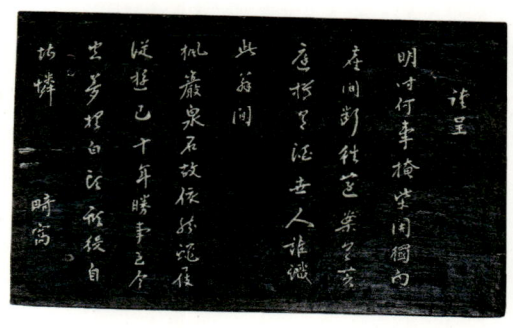

삼가 시를 지어 올림
謹呈

어이해 대낮인데 사립문 닫은 채로   明時何事掩柴關
세인과 오가는 인연 혼자만 끊었는지   獨向塵間斷往還
책상엔 황정경[41]이요 동이엔 술이니   案有黃庭樽有酒
늙은이 느긋함을 세상 누군들 알건가   世人誰識此翁閒

풍암정 산수경치 아직도 그대로인데   楓巖泉石故依然
납극[42] 신고 왕래한 지 벌써 십 년이라   臘屐從遊已十年
지난 일은 이제 그저 꿈속에서 상상할 뿐   勝事至今空夢想
가련해라 늙어서 자유롭지 못하다니[43]   白頭形役自堪憐

기와 畸窩[44]

41 황정경(黃庭經) : 도가(道家)의 경전을 말한다.
42 납극(蠟屐) : 송(宋)의 산수시인(山水詩人) 사영운(謝靈運)이 임천내사(臨川內史)로 있을 때 밀납을 바른 나막신을 신고 산에 오르기를 좋아하였다하므로, 아름다운 산수 구경을 의미하는 말로 쓰인다.
43 형역(形役) : 정신이 육신의 부림을 받는 것, 즉 외물(外物)로 인해 자유의지(自由意志)가 구속됨을 말한다.
44 기와(畸窩) : 송강 정철의 아들 정홍명(鄭弘溟, 1582~1650)의 호이다. 그는 풍암정을 오래도록 종유한 적이 있었다.

풍암기
楓巖記

　서석산이 웅장하기로 호남에서 으뜸간다고 칭함은 기이한 수석이 많은 까닭에 그렇게 불린 것이다. 서석산의 남쪽에 사인암이 있는데 돌의 모양이 매우 기괴하고, 그 아래에 알맞은 지형을 얻어 들어선 사찰은 높고 가파른 곳이 많아서 다니기가 위험하여 인적이 드물다.

　내가 남쪽에 내려와 산지가 오래되었지만 평소 각기병을 앓아서 아직 열에서 두세 군데밖에 찾아다니지 못해 지극한 한으로 여겼다. 그러다가 금년 겨울에 우연히 작은 병이 있어서 산방에서 묵으며 울적한 마음을 달래고자 했는데 다만 산에 오르기는 어려웠다.

　어떤 이가 "풍암은 이곳으로부터 몇 리 안 되는 거리인데, 거처할 만한 조그만 감실이 있다"고 말하였다. 내가 너무 기뻐서 말을 달려 감실에 이르니, 과연 외진 곳에 그윽하고 고요한 정취가 있었다. 매양 밥 먹기를 마치면 함께 거처하는 두세 사람과 함께 바위 아래를 소요하다가, '풍암(楓巖)'이란 이름을 얻게 된 까닭을 생각해 보았다.

  바위의 위아래를 끼고 단풍나무 백여 그루가 있는데 시내와 못에 빙 둘러서 비치니 바야흐로 가을 서리 맞은 잎이 물에 잠겨 물빛을 물들인 듯하였다. 시냇물은 매우 사나왔는데 또 많은 돌 때문에 물의 흐름이 돌고 얽혀 그 소리가 우레와 같으니 무서워할 만했다. 장마로 물이 불면 물살이 거세어 골짜기의 벼랑이 파였고, 물가에 다니는 자는 귀가 서로 막혀서 상대방 말을 알아듣지 못하니, 이 때문에 여름날에는 사람들이 거처하기 싫어하였다.

  내가 찾아온 때는 마침 추운 때여서 물이 줄어 바위 자태가 그대로 드러나 그 참 모습을 잘 볼 수 있었다. 감실로부터 몇 걸음만 지나 흐르는 물 사이의 돌을 딛고 건너면 바위틈에 소나무가 있다. 그 높이는 한 장 남짓하고 그 뿌리는 베고 잘 만하게 드러나 있었으며 가지와 잎은 수면을 어름어름 덮고 있었다. 바위의 모양은 넓고 평평하여 십여 명이 벌려 앉을 수 있었다. 그 아래에는 물이 고여 고기를 잡을 만한 못이 만들어져 있고, 못을 경유해 내려간 물은 더욱 맑고 돌은 더욱 기이하였다. 높이 오르면 터를 잡고 놀 만한 평평한 정상이 있는데, 그 모습은 깎아지른 듯이 험준하여 우러러 보기만 하고 오를 수 없는 곳도 있었다. 기댈 만한 안석 같은 것, 음식을 늘어놓을 만한 쟁반 같은 것, 웅덩이 같아 술잔을 띄울 만한 것, 바둑판 같아 바둑알을 튕길 만한 곳 등 거의 만 가지 형상을 하고 있었다. 물가 모래는 아주 부드럽고 나무는 반드시 그늘을 드리우니 곳곳의 경색이 각각 다르다. 이것을 얻으면 저것을 잃고 새로운 것을 보게 되면 옛것을 잃어버리니, 가히 한두 마디 말로는 다 설명할 수가 없었다.

  새로 정자를 지었기 때문에 이곳저곳에 대한 이름이 아직 없었다. 나와 두세 사람이 종일토록 구경하고 마치고 돌아 오려하니, 이별하는 듯 돌아보게 되고 얻은 바가 있는 것처럼 마음이 즐거웠다. 무릇 십여 일을 머물면서 나가 놀지 않은 때가 없었고, 놀 때마다 반드시 기이한 모습을 보았다. 아, 승경(勝景) 중에 승경이었다. 내가 서석의 모든 승경을 두루 돌아보지는 못했지만 이곳의 위로부터 산허리까지 이른바 이름 있는 사찰은 대개 한두 번은 유람했었다. 그러나 수석이 이곳의 심원함에 미칠 만한 곳이 없었고, 또 마을의 촌락으로부터 몇 리밖에 떨어지지 않았는데 이런 승경이 있는 것이 괴이하였다. 옛날에는 알려져 있지 않았던 것이 지금에 드러나는 것은 거의 우연이 아니니 이것 또한 만나는 바가 있어서 이루어진 것이리라. 아, 땅도 또한 만나는 바가 있어서 이루어지게 된 것인가?

  처음 이 땅을 얻어 조그만 감실을 지은 사람은 광주 김씨로, 자는 자룡(子龍)이다. 소싯적부터 세속에 뜻이 없어 때로 이곳을 찾아 시름을 달래니 그의 사람됨은 묻지 않아도 알 수 있겠다. 이것을 기록하는 나는 스스로 호를 '기와산인(畸窩散人)'이라고 한다. 때는 만력 갑인년(1614년) 동지달 십육일이다.

숭정(崇禎) 후 네 번째 신미년(1871년) 2월 1일에 판을 걸다

瑞石山, 雄稱南服, 以其水石多奇異, 故見稱云. 其南
有舍人巖, 石狀尤奇, 其下寺刹得地, 多峻仄危澁,
人跡罕到. 余居南中久, 素患脚氣, 未能探歷十之二
三, 以爲至恨. 今年冬, 偶有微恙, 欲棲宿山房, 以暢
湮鬱, 顧以登陟爲難. 或謂 "楓巖去此才數里, 小龕
可棲." 余喜甚, 卽馳馬到龕, 果僻靜有趣. 每飯罷, 與
同棲二三子, 逍遙巖下, 究所以得名者. 夾巖上下,
有楓百餘, 環映溪潭, 方秋霜葉蘸水, 水色如染. 溪
流甚駛悍, 且以多石, 水勢縈紆沈伏, 其聲磴磕如
雷, 可懾. 潦漲則奮迅激厲, 匯蹙崖谷, 水邊行者, 耳相帖
不了言語, 以此夏月居人病之. 余來適値寒沍水
蹙, 巖姿呈露, 得其眞骨相甚悉. 盖自龕數步許地,
緣流蹋石而渡, 有松植巖罅, 高可丈餘, 其根露可
枕, 其枝葉迤覆水面. 巖勢寬平, 可列十數人. 其下水
凝緣成潭可漁, 由潭以下, 水益淸石益奇. 有高起
而夷頂可據而嬉者, 有峭而隳, 可仰不可躋, 如几

者可凭, 如盤者可飣餖, 窪如而可泛觴, 枰如而可彈棊. 如是殆千百狀, 水濱沙必軟, 樹必陰陰覆, 處處境色各殊. 得此而遺彼, 翫新而失舊, 不可一二言. 以新卜築, 未有名稱. 余與二三子窮日樂翫, 旣罷歸, 眷然如別, 怡然如有得. 凡留十餘日, 未嘗不出遊, 遊必得其異狀, 吁, 境之勝之尤焉者也. 余於瑞石, 固未嘗遍歷諸勝. 然由此以上至山腰, 所謂名寺刹, 盖嘗一二遊矣. 水石不及此遠甚, 又怪其不離村閭數里, 而能有此勝. 蔽於古而顯於今, 殆非偶然, 其亦有遇而成, 地亦有所遇而成焉者耶? 始得此構小龕者, 光州金子子龍. 少乖於俗, 時往來消釋憂悁, 不問可知其爲人. 記此者余, 自號畸窩散人云. 時萬曆甲寅 至月旣望也.

崇禎後四辛未二月 初吉 揭板

광주문화재단 누정총서 4

환벽당·취가정·풍암정

초 판 1쇄 찍은 날 2018년 12월 11일
초 판 1쇄 펴낸 날 2018년 12월 17일

글 조태성
현판 번역 김대현
여행 길잡이 전고필
사진 안갑주

펴낸곳 (재)광주광역시 광주문화재단
펴낸이 김윤기
발행부서 (재)광주광역시 광주문화재단 전통문화관 무등사업팀
   61493 광주광역시 동구 의재로 222
   전화 062-232-2152

만든곳 도서출판 심미안
주소 61489 광주광역시 동구 천변우로 487(학동) 2층
전화 062-651-6968
팩스 062-651-9690
메일 simmian21@hanmail.net
블로그 blog.naver.com/munhakdlesimmian
등록 2003년 3월 13일 제05-01-0268호

값 10,000원
ISBN 978-89-6381-267-0 04900
ISBN 978-89-6381-263-2 (SET)